学級経営サポートBOOKS

心に根ざして子どもが動く
ちょこっと合言葉

古舘 良純・髙橋 朋彦 著

明治図書

はじめに

　子どもの反応を見るのが好きでした。その時の表情から，指導の手応えを感じていました。

「先生！　見てください！　できました！」
「おー！　そういうことか！　すげー！」
「何で？　どういうこと？　まじわかんない……」

　子どもたちは，学校生活の中で様々な表情を見せます。特に，授業中の表情は宝物のようです。
　僕は，経験を重ねる度に自分の指導1つで子どもたちの表情をたくさん引き出せることに気づいていきました。

　すると，表情が引き立つ時，子どもたちは決まって「素敵な言葉」を呟いていることにも気づきました。

　先生に見てほしい時の見開いた目は，まるで「うれしい！」と言わんばかりの表情です。気づき，発見を得た時の喜びは，まるで「なるほど」と言っているようでした。

　子どもたちの表情は「言葉とセット」であると学んだ瞬間でした。

表情は感情の裏返しです。

　そうであるならば，まだ未熟な子どもたちに「辛くても笑いなさい」と言うのは少し酷な話だと考えました。

　でも，「口ぐせを変える」のは割と容易いのではないかとも考えました。笑いなさいとは言いにくいですが，「先生の後にくり返してごらん」「３回話したら座りましょう」という指示ならば，子どもたちに言わせられると考えたのです。

　だったら，「口ぐせ改革」をしてみよう。そう閃いたのです。

　まず，教室での対話に耳を傾けてみました。子どもたちの話し合いの様子を目に焼きつけようとしてみました。

　すると，とてもよい表情に出合いました。そして，たくさん写真に収めながら，どんな言葉を発しているのかをメモしていきました。

　はじめは直感的に「いいな」と思う言葉をメモしていましたが，次第に「これ」という言葉が耳に飛び込んでくる感覚を得ました。

　それらが，今回紹介する50の合言葉です。

　きっと先生方の教室でも，本書で紹介する「合言葉50」のうち，いくつかは自然に発していると思います。そして，合言葉が放たれている時，きっと子どもたちの表情も豊かなはずです。

　ぜひ，本書を読み進めながら，51本目の「合言葉」を先生方の教室から生み出してみましょう。そして，子どもたちの心に根づかせてください。

　もしよかったら，その様子を教えていただけると嬉しいです。

　全国の先生方から出された51本目の合言葉があふれることを願っています。

本書は，子どもたちが自分の言葉で自分を律していくことを願ってつくられた1冊です。

　人は言葉を使って思考します。「今日の給食は何かな」も言葉。「宿題やらなきゃな」も言葉です。「夢の中」でだって言葉を使っているはずです。人にとって，言葉とは自分の行動を喚起したり，未来に期待したりする原動力なのだと考えています。

　しかし，外側（大人）から言葉を投げかけるだけでは，子どもたちの行動喚起に限界がおとずれます。子どもたちが受動的な行動しか起こせず，思考停止で機械的になってしまうからです。
　僕たち教師は，子どもたちが子どもたちの言葉によって自分たちを行動させ，律し，よりよい未来を切り拓いていく「知恵」を授けなければならないのです。

　そこで，今回は「合言葉」を通して子どもたちにアプローチする視点から本書を書き進めました。
　教師と子どもとで「合言葉」を共有し，その意味や価値を理解し育てていく過程で子どもたちの成長を促そうとする営みです。

　本書は，全て2ページ完結型になっており，シーン別の合言葉を50紹介しています。
　左のページには合言葉とその伝え方をまとめました。『学級を育てるばっちりトーーク60』（明治図書）と同じように，「子どもたちに話すように」まとめてあります。
　ぜひ「読み原稿」として活用し，子どもたちに伝えてあげてください。学年によっては難しさもあると思います。言葉などをアレンジして実践してみましょう。

最後に，今回は諸事情により「オール古舘学級」の実践50本で本書を構成させていただきました。
　ある意味，令和6年度の古舘学級実践記録と言っても過言ではない1冊です。
　写真掲載に関してご快諾くださった保護者の方々，そして，素晴らしい事実を生み出してくれた子どもたちに感謝の気持ちしかありません。
　本当にありがとうございました。

著者　古舘　良純

CONTENTS

はじめに　002

第1章
合言葉で子どもを自走させる
10のポイント

POINT 1	子どもを動かしているのは子ども	012
POINT 2	言葉が「芯」をつくる	014
POINT 3	「習慣化」されるまで待つ	016
POINT 4	「言葉」を絞る	018
POINT 5	復唱「ほめる」	020
POINT 6	「可視化」して立ち返る	022
POINT 7	言える子を8割まで増やす	024
POINT 8	口ぐせは「表情ぐせ」	026
POINT 9	「Ａさせたい」から「Ａと言わせる」	028
POINT 10	自分の言葉で効果を語らせる	030

第2章
子どもが自走できるようになる
「ちょこっと合言葉」50

対話・話し合う時

01　話し合いの切り出し方を体得できる　034
　　「今から話しますね」

02　話し合いのテンポが保てる　036
　　「わかるわかる」

03 自分の理解度を高められる ……………………… 038
「なるほど！　確かに！」

04 素直な自分を育てられる ………………………… 040
「そういうことね！　本当だ！」

05 みんなで学びを進められるようになる ………… 042
「ちょっと待って！　置いていかないで！」

06 話し合いが続く感覚を身につけられる ………… 044
「〜ですよね？　でもさ……」

07 相手を説得する話し方を身につけられる ……… 046
「〜じゃないですか？」

08 知りたい気持ちをはっきり伝えられる ………… 048
「もう1回言って」

09 和やかな雰囲気をつくれる ……………………… 050
「スマイル！　スマイル！」

10 話し合いはありがたいことだと思えるようになる ………… 052
「ありがとうございました！」

1人で勉強する時

11 自分で自分のスイッチを押せる ………………… 054
「よし，やるか！」

12 投げ出さずに頑張れるようになる ……………… 056
「イケる気がする！」

13 負の流れを自分で断ち切れる …………………… 058
「切り替えていこう！」

14 文字を通して太い自分をつくれる ……………… 060
「濃く，太く，強く」

CONTENTS　**007**

15 自分のペースを安定させられる ┈┈┈┈┈┈┈┈┈┈┈ 062
「いい感じ，いい感じ」

16 自分の可能性を広げられる ┈┈┈┈┈┈┈┈┈┈┈┈┈┈ 064
「まじで無理……じゃない」

17 自分の姿をメタ的に見つめられる ┈┈┈┈┈┈┈┈┈┈ 066
「できないの？　やらないの？　どっちなんだい !?」

18 教科書の価値を再確認できる ┈┈┈┈┈┈┈┈┈┈┈┈┈ 068
「教科書，教科書……」

19 集中力を持続させられるようになる ┈┈┈┈┈┈┈┈ 070
「よし，次！」

20 自分で自分を認められるようになる ┈┈┈┈┈┈┈┈ 072
「YDK！（やればできる子）」

係・当番活動時

21 継続的に活動を進められるようになる ┈┈┈┈┈┈ 074
「毎日やんねん！」

22 ちゃんとやることの心地よさを感じられる ┈┈┈ 076
「ちゃんとやんねん！」

23 自分の心を相対的に見つめ直せる ┈┈┈┈┈┈┈┈┈ 078
「コツコツが勝つコツ」

24 チームで仕事を進められる ┈┈┈┈┈┈┈┈┈┈┈┈┈┈ 080
「やるよ〜！　はーい！」

25 仕事への責任感を高められる ┈┈┈┈┈┈┈┈┈┈┈┈ 082
「お仕事です！」

26 活動の区切りを意識できる ┈┈┈┈┈┈┈┈┈┈┈┈┈┈ 084
「お疲れさまでした！」

27 活動を楽しくする意識を高められる ┈┈┈┈┈┈┈┈ 086
「いえ〜い！　ナイスです！」

28 目的意識を再確認しながら活動できる ·············· 088
「三方よし！」

29 困難な状況を自分で打開できる ·············· 090
「ヘルプ！　お願いします！」

30 自分たちの活動を自分たちで盛りあげられる ·············· 092
「拍手！」

友達と関わる時

31 あいさつ第一声が習慣化できる ·············· 094
「おはよー！　元気〜？」

32 共感力を高める ·············· 096
「わかる〜」

33 受容する力を高める ·············· 098
「いいよ〜！」

34 相手を喜ばせられる人になる ·············· 100
「はい！　イエス！　喜んで！」

35 適切な形で自分の主張を通せるようになる ·············· 102
「ちょっと待ってもらっていい？」

36 反射的にためらわず謝る姿勢を身につける ·············· 104
「ごめんごめん」

37 かしこまった態度が身につく ·············· 106
「伝えたいことがあります」

38 相手を牽制する態度が身につく ·············· 108
「そういうのよくないと思う，私も（僕も）やめる」

39 素直な感情表現を身につける ·············· 110
「うれしい！」

40 当たり前のことに感謝できるようになる ·············· 112
「いつもありがとう！」

CONTENTS　009

日常生活時

41 スムーズに活動をスタートできるようになる …………… 114
「準備が9割！」

42 自分の目で確認することが習慣化する …………… 116
「今日は（次は），あれだ！」

43 自然に着席する力が身につく …………… 118
「号令かかるよ〜！」

44 没頭する力を育む …………… 120
「ゾーンに入ろう」

45 過程を大切にする習慣を身につけられる …………… 122
「今日もいい1日だった」

46 思いやりの心を育む …………… 124
「はいどうぞ！　ありがとうございます！」

47 楽しそうと思える力が身につく …………… 126
「楽しそう！　私もやる！」

48 献身的な態度が育つ …………… 128
「僕がやります！　私がします！」

49 人間関係構築のコツが身につく …………… 130
「鏡は先に笑わない！」

50 社会に貢献できる人に育つ …………… 132
「世のため人のため」

あなたのちょこっと合言葉を書こう！　　134

おわりに　136

第 **1** 章

合言葉で
子どもを自走させる
10のポイント

POINT 1

子どもを動かしているのは子ども

　教師が指示を出し，子どもたちが活動する。

　この時，子どもたちが動き出した原因は「教師の指示」にあります。

　しかし，子どもたちの頭の中では，「よし」と自分で自分を動かす言葉が放たれているはずです。

　つまり，「指示→活動」の間には，行動への「意思決定」が働いていると考えています。

　だから，同じ指導言を放っても，活動する子とそうでない子のように差が生まれるのでしょう。

　もちろん，子どもたちは機械ではありませんから，コマンドのようにボタンを押して一斉に30人が同じ動きをしたら，逆に怖いですよね。

　学級集団を動かしていこうと思った時，確かに「的確な指示」や「磨かれた発問」，「丁寧な説明」は必要になります。

　しかし，子どもたち30人の最小公倍数を狙って「指導言」を毎時間放ち続けるのは，神技です。

　そこで，「指導言→行動」の間には，子どもたち自身の「意思決定」や「行動選択」が働いていることをきちんと伝えてあげるようにします。

　一見「先生の言うことを素直に聞いている」ように見えて，実は「活動の意義をきちんと受け止めて前向きに取り組もうとする」という無意識的に行っている意思決定の価値を切り出してあげるのです。

子どもたちが決して「受け身」ではないことを認識させてあげるのです。
　すると，子どもたちは次第に「対話の相手」が自分自身の内側に存在しているころに気づきはじめます。
　先生の指示に従って動いているように見えて，実は指示や説明はきっかけであり，自分にゴーサインを出しているのは自分であるという事実に出合うのです。

　子どもたちがこうした気づきによって主体的なマインドに変わってくると，神業ではない指示やちょっとした説明を，子どもたちは随分自分事に捉えるようになります（指示・発問・説明の精度を落としてよいわけではない）。
　教師の話に対するリアクションが前のめりに変わるばかりか，子ども同士の関係性においても言葉がやわらかくなります。

　人は，1日に5万ほど考えが浮かぶと言われています。
　その度に「そうでもない」とか「ラッキー」とか「終わった」などと無意識に自己内対話が生まれます。
　その自分との対話をより豊かにできたら，いずれ子どもたちは自分の意思で学習へ向かうようになり，活動に励むことになるでしょう。

　教師は，こうした「子どもの自走状態」をイメージして指導していく必要があります。
　教師が子どもを動かす，変えるのではなく，「子どもが子ども自身を変えていく」サポートに回るのです。
　その一歩として，「行動喚起自体が子どもの意思決定に委ねられている部分が大きい」と伝えてみるとよいでしょう。
　簡単に言えば，子ども自身の「口ぐせ改革」を起こしていくのです。

第1章　合言葉で子どもを自走させる10のポイント

POINT 2

言葉が「芯」をつくる

　ある昼休みの後，ドッジボールから帰ってきた子が満面の笑みを浮かべて話しかけてきました。その子は，「今日はどんなことがあっても笑顔でドッジボールをしてみようって思ったんです！　そうしたら，めっちゃ楽しかったんです！」と教えてくれました。

　詳細は割愛しますが，うまく遊べないことがある子でした。トラブルになったり，嫌な思いをして悩んだりしたこともありました。
　私はその都度，「楽しいって思えば楽しいよ」と伝え続けてきました。
　すると，昼休みにふと私の言葉が頭に浮かんだと言うのです。そこで実践してみたところ，本当に楽しく終えられたと言うのでした。

　これは，「楽しい」と頭の中で言い続けていたら，実際に目の前の現象が「楽しく」切り取られた事例です。なかなか難しい実践だったと思いますが，この子は見事にポジティブに過ごすことができました。

　こうした「言葉」が「感情」を豊かにし，「事実」を好転させていく事例は大人の世界でもたくさんあると思います。
　シェイクスピアの戯曲「ハムレット」の中でも「世の中には幸も不幸もない。ただ，考え方でどうにでもなるのだ」という言葉があります。
　目の前に起きている現象や，これから立ち向かう事実は1つしかありません。その捉え方を「言葉」によってより豊かに形づくっていけるのは，やは

り子ども自身です。

　ですから，ドッジボールのその子は，「楽しいって思えば楽しいよ」という私の言葉が自分の芯になったのでしょう。

　きっとそれまでは，「指導言→行動」の間には，「そんなわけないじゃん」と信じきれなかったり，「そう言っても周りが……」と他責思考をしていたかもしれません。自分で自分を動かしきれていなかったのでしょう。

　でも，「指導言→そうかも→行動」と自己内対話したおかげで，実際に行動に移せたのだと思います。「そうかも」という言葉が，その子を行動させたのです。

　よく，ポジティブな会話をすれば気分がよくなったり，明るい気持ちになれると言います。それが生産性を高めたりあらゆることに好影響を与えることも解明されています。

　逆に，ネガティブな会話や気持ちは自信を失わせ，落ち込ませ，時に絶望を招くことだってあります。

　ここで重要なことは，そのことを教師ばかりが話していても効果はあがりにくいということです。

　あくまで子どもたちが子どもたちの言葉で自分自身にアプローチし，自走していくことが大切なのです。

　教師がポジティブな言葉を使うこと，ポジティブに振る舞うことは言うまでもありませんが，それがどのような形で子どもたちに根ざし，子どもたちが自分で使いはじめるかということの方がより重要であるということです。

　ドッジボールの子のエピソードは，秋のことです。

　そこまで，半年以上の時間がかかりました。

第１章　合言葉で子どもを自走させる10のポイント　　015

POINT 3

「習慣化」されるまで待つ

　習慣は，「行動習慣・身体習慣・思考習慣」という３つの習慣に分けられると言います。

　行動習慣は，「毎日10分の読書をしよう！」とか「寝る前に必ず日記を書こう！」のような比較的簡単な行動の習慣になります。

　身体習慣は，「毎朝４時に起きて朝活するぞ！」とか「１日30分のランニングをする！」のような体のリズムに関する習慣になります。

　思考習慣は，「ポジティブ思考」や「ロジカルシンキング」のような考え方の習慣になります。

　本書のように，子どもたちにある言葉を口にさせようとすると，まず行動習慣として「合言葉」のように言わせていく期間があります。行動習慣は一般的には１か月と言われています。

　定期的に教師から促して言わせたり，掲示物にして立ち返ったりする必要があります。

　そして，身体習慣になる頃には，数名の子がふと口にしてしまうようになるでしょう。例えば，プリントを配った瞬間に思わず「よっしゃ，やるか！」と気合を入れることもあるでしょうし，友達同士の対話の中で「なるほど」「確かに」とごく自然に使っていることもあると思います。

　この身体習慣にかかる期間は約３か月と言われています。

さらに，６か月（半年）経つ頃には，思考習慣として言葉が根づくように
なります。

　プリントに対する反射的な「よし，やるぞ！」だけではなく，「ここでネ
ガティブに捉えていても，ただ自分で苦しくなるだけだ」と意味づけできる
ようになり，どう振る舞うことが自分自身を高めるか判断していく状態にな
ります。

　思考習慣まで高まると，教師がいちいちプリントの意義ややる目的を懇切
丁寧に読み上げなくても，子どもたちは勝手に解釈してプリントに取り組む
ようになります。

　高学年の子たちは，「先生，わかってますから，もういいです。プリント
やらせてください」と私の話をシャットアウト（もちろんいい意味で！）す
ることもありました。

　ここまでくるとおわかりかと思いますが，教師が「待てない」教室では，
合言葉も何も根づかないし育ちません。

　１か月間，合言葉を使わせ続けること。
　３か月間，合言葉が発せられる学習環境を提供し続けること。
　６か月間，合言葉の意味を根づかせ続けること。

　自分で動ける子どもたちを育てたいと願うなら，この期間は地道に実践し
続けるマインドを大切にしてください。

第１章　合言葉で子どもを自走させる10のポイント　017

POINT 4

「言葉」を絞る

「やればできる」という言葉は，お笑い芸人ティモンディ高岸さんのセリフで有名になりました。この言葉は，愛媛県の済美高等学校の校歌にもある校訓で「やれば，ベストを尽くすことができる。挑戦こそ楽しいんだよ。」という意味が込められているそうです。

しかし，「やればできる」という言葉自体は「名言」と言えるようなものではありません。むしろ，一般的に聞き馴染みのある，よく使われるフレーズです。

そして，こうしたシンプルな言葉であっても，意味を込めたり本気で自分の言葉にできた時，高岸さんのようにチャレンジし続けられる人になると高岸さん自身が証明しています。

長年かけて「思考習慣」とし，「口ぐせ」にしたからこそ，自分の芯ができているのだと言えます。

こう考えると，「合言葉」は決して華やかなものではなくてよいということがわかります。カッコよく，聞きごたえのある名言でなくても大丈夫です。

むしろ，日常的に使える言葉や，ふとこぼれ落ちたり，思わず口にしてしまうような言葉の方がよいとさえ思います。

本書では，50個の言葉を紹介していますが，私の感覚では少なくとも10個，多くても20個程度を教室に広げられたら十分だと考えています。

言葉を絞ることは，抽象度を高めていく営みです。

あの言葉を包括した言葉がこれ。
この言葉の意味する言葉はそれ。
その言葉の射程範囲はここまで。

きっと，「やればできる」という言葉には，チャレンジすることの意味や
諦めないこと，励ましたり心に火を灯したりする様々な価値が含まれている
のでしょう。
　ぜひ，この50個の言葉を使わせながら，その子にとってヒットする言葉を
見つけていくようにしてみてください。
　全てを使い切る必要はなく，50個の中でいくつかの言葉がつながったり，
似たように使い回せるとよいでしょう。

　多くの言葉を知っていることと同時に，そうした言葉1つ1つが「点」と
なり，その点をつないで太い「線」をつくる。
　すると，それぞれの意味が大きく概念化されたり，価値観として形成され
たりします。
　言葉を並列に考え，使うだけではなく「絞る」という過程を通して，言葉
から意味を見出してみてください。
　そこに，あなたの学級らしい口ぐせが残っていくはずです。

第1章　合言葉で子どもを自走させる10のポイント　019

POINT 5

復唱「ほめる」

　使わせたい言葉があるなら，きちんと言わせていく必要があります。

　偶然口にする瞬間を待っているのではなく，きちんと教え，使わせていくのです。

　そのために，ここぞのタイミングで「ストップ」「ちょっと待って」と止め，「こういう時はね……」と教え，全員に「復唱」させていくようにします。

　例えば，話し合いがヒートアップしてしまい，お互いにケンカ腰になりそうな場合は，次のように復唱させます。

　「ストップ，今ね，すごくいい話し合いをしていた。授業でここまで熱くなれる話し合いはそう多くないよ。いい時間だね。でもね，もっといい話し合いにしていくために，必要なことがあるよ。それはね，相手を大切にすることです。だから，言い返したり，反論したりする時は，必ず『それは，わかるんだけど』とか『なるほどね，そういう考えもあるけどね』って一旦受け止めることも大切だよ。じゃあ，みんなで１回言ってみようか，さんはい……」

　このようにして，全員に復唱させるのです。

　ケンカをやめさせるのではなく，どうすればこの熱のまま話し合いが進むのかという「スキル」を教えていくのです。

そうしてまた，話し合いを続けさせてみましょう。場合によっては，「今から続けるけど，最低５回は口にしてみようね」と指示を出しておくことも大切です。

　ヒートアップしていると，再開しても本当に使えるかどうかわかりません。だから，数値目標などを示してあげることも大切です。

　そうして使わせたら，すかさずほめます。

　子どもたちが行動する時には，「認知・行動・感情」というサイクルが回っています。

　①（認知）「わかるんだけど」を使うとよいと知り，理解する。
　②（行動）実際に話し合いの中で「わかるんだけど」と使ってみる。
　③（感情）「そう！　素敵！」と称賛され，うれしい気持ちになる。

　このサイクルが回ると，使ってみようとする意思が「強化」されます。

　すると，だんだんと自分の中に言葉が溶け込み，自然と使えるようになっていきます。

　最初は「ほめられるから使っていた言葉」が，使うことによって「よい話し合いを体験」することになり，「話し合いの心地よさを味わうこと（感情）」になるからです。

　ほめられることより，心地よい話し合いの方が「より高い報酬」になり得るのです。

　最初は復唱させて使わせていき，その後は感情にアプローチする中で子どもの中に落とし込んでいきます。その指導があってこそ，合言葉として機能していきます。

第１章　合言葉で子どもを自走させる10のポイント

POINT 6

「可視化」して立ち返る

人は忘れる生き物です。「エビングハウスの忘却曲線」でも，1時間後には56％を忘れると言われています。

だから，視覚的にアプローチして記憶に留めたり，忘れた時に立ち返る場所にしたりする意味で，「可視化」しておくことをおすすめします。

例えば，『超一流の雑談力』（文響社）というビジネス書では，「あいづちのさしすせそ」という言葉が紹介されていました。

さ……さすがですね！
し……知らなかった！
す……すごいですね！
せ……センスいいですね！
そ……そうだったんだ〜！

言葉だけ見ると随分形式的なセリフに見えますが（笑），これらが心から言えるようになれば，本当に「さすがだ」と思えるようなリスペクトの気持ちが芽生えると思います。「知らなかった」という言葉には「知の喜び」が湧きあがってくるはずです。

私は，この「さしすせそ」と出合った時，真っ先に手帳にメモしました。

それは，「覚える」ため，「何度も目にする」ため，「振り返る」ためのメモでした。

教室でも同じことが言えます。みなさんの教室にもいるはずです。こうした言葉を教えた時，メモする子が。メモ帳に書いたり，家庭学習の中で書いてくる子が。いないでしょうか。

　しかし，多くの子はその場の指導を聞いて終わります。むしろ，その方が普通です。だからこそ，学級の「共通言語」として可視化し，教室掲示にしてしまうのです。

　私自身は，菊池省三先生の「5分の1黒板」を実践し，そのスペースに記述する場合が多いのですが，その後は画用紙に転記して掲示するようにもしています。

　授業中に学んだ言葉が黒板に書かれ，それが画用紙に清書され，掲示物として可視化される。この一連の流れが，子どもたちが口ぐせとして使っていく一助となるのです。

　教師は「あの時みんなで口にした！」と記憶していても，子どもは忘れているかもしれません。

　そんな時，「ほら，なんで覚えていないの！」と言っても仕方がありません。それより，「ほら，この前これ言ったよね！」と掲示物に立ち返った方が子どもにとってやさしい指導になります。教師にとってもストレスフリーです。

　今回は，「対話・話し合う時」「1人で勉強する時」「係・当番活動時」「友達と関わる時」「日常生活時」というカテゴリーで合言葉をまとめましたが，例えば「相手を思いやる口ぐせ」「楽しむための口ぐせ」「給食を食べる時の口ぐせ」など，学級の実態に応じてカテゴライズし，掲示物にしてみると子どもたちもより使いやすくなるでしょう。

第1章　合言葉で子どもを自走させる10のポイント　　023

POINT 7

言える子を8割まで増やす

　今回紹介する「口ぐせ」はキャッチーで言いやすく，それでいて使う頻度も高いことが考えられます。

　すると，先生方は決まって「言わせたい」「行動させたい」「みんな言わせないと」と考えてしまうでしょう。

　私はこれを「釣り堀思考」と呼んでいます。「針を垂らせばすぐ釣れると思っている状態」です。「実践すれば効果が出ると思っている状態」に似ているからです。

　しかし，実際の川釣りや海釣りはそう簡単に釣れません。「釣り堀」のようには釣れません。「ぼうず」という言葉があるように，1日中釣りをしても釣果が出ない……なんてこともよくあります。

　同じように，口ぐせを教室に広げようと思っても，うまくいかないことがたくさんあるでしょう。「せーの」と言っても言わない子がいるでしょうし，「そんなの意味ない」と言って反発する子もいるはずです。

　そんな時，「意味はあります」とぶつかったり，「全員で言います」と強行突破を図ったりしてしまっては，教室の空気自体が悪くなってしまいます。

　そういう子はごく少数なはずですから，それらの子は一度スルーして「言える子」「乗ってこれる子」を中心に楽しい雰囲気を優先してください。

　言わなくても，反発していても，8割の子を優先して進めます。その姿勢

を教師が失ってしまうと、「口ぐせレベル」まで高めていくことは難しいかもしれません。

　これは、その子たちを置き去りにするとか、見捨てるということではありません。8割の子を育てる中で間接的に2割の子にアプローチしていくということです。
　少なくとも、周りの子が口にする言葉を耳にしているはずですから、「言えないけれど知っている状態」はつくりだすことができます。それを毎日くり返し、ジャブのように浴びせ続けていくのです。

　「口ぐせにする」というのは、あくまで手段であって、目的は子どもたちが自分で自分をよりよい状態にコントロールしていくことです。耳にした言葉は頭に残ります。頭の中に残れば、ふとしたタイミングで浮かんでくるはずです。そうすれば行動が変わります。いずれ口にするようになります。
　その瞬間まで信じて待ってみましょう。

　最初から「全員必ず言わせる！」「絶対に口ぐせにする！」とするのは手段の目的化です。「ちょこっとスキル」は目的達成の一助であって、スキル自体が目的ではないことを改めて肝に銘じてほしい、と思います。

第1章　合言葉で子どもを自走させる10のポイント　025

POINT 8

口ぐせは「表情ぐせ」

　本書は「口ぐせ」をテーマに，「合言葉」を子どもたちと共有していこうとする方向性で企画しました。

　ただし，そのフレーズをただ言えばよいということではありません。

　もちろん，慣れるまではぎこちない言い方だと思いますが，自分の言葉として気持ちを乗せていく必要があります。

　そのために意識させたいことの１つに「表情」があげられます。

　表情次第で声が変わってくるからです。

　ボイストレーナーの佐藤涼子さんは，声は「身体→表情→声」の順で発せられると言います。

　つまり，「なるほど」という四文字の言葉も，表情が違えばその効果も違うということです。

　まゆをひそめて，ぎこちない笑い方でななめ下を見ながら言う「なるほど」よりも，おでこをあげるように目を見開いて鼻から抜けるような息遣いで「なるほど」と言った方が，腹落ちしている「なるほど」に聞こえるのではないでしょうか。

　そう考えると，たかが４文字ですが，表情で声が変わり，その声は心からの言葉として聞こえてきそうです。

　ですから，子どもたちには言葉やフレーズを合言葉として授けますが，同

時に「どんな表情で言うのか」も合わせて伝えておくようにしましょう。

　これもまた，すんなりとできてしまう子とそうでない子に分かれると思いますが，まずはできる子にフォーカスして指導してみてください。

　この視覚的な効果で考えると，「メラビアンの法則」もあげられると思います。人が情報を受け取る際，視覚がおよそ５割，聴覚がおよそ４割，言語がおよそ１割の影響を及ぼすというものです。

　もし「口ぐせ」だけ放ったとしても，それが周りの人に対して与える影響は１割です。

　しかし，その表情が本当に驚いていたり，真剣に悩んでいたりすれば，より影響の輪が広がります。「８割」まで確実に子どもたちを育てていくのであれば，その影響力を最大限に活用して感化すべきです。

　例えば，「目は口ほどにものを言うんだよ」などと伝えながら，口ぐせとともに「表情」にも注意して合言葉を使わせるようにしてみましょう。

　閃いたり，驚いたり，悩んだり，切り替えたりした時に，その表情が豊かであればあるほど，「行動習慣」としても定着し，表情が口ぐせを呼び起こすこともあります。

　ぜひ，先生方自身も，自分の言葉と表情がいかにピタリとセットになっているか確かめてみてください。

第１章　合言葉で子どもを自走させる10のポイント　　027

POINT 9

「Ａさせたい」から「Ａと言わせる」

　子どもたちを動かしているのが子どもたち自身であるならば，そのスイッチを自分でダイレクトに押せたらすぐに実行できます。

　20代の頃，学級の中で教え合いができるようになったらいいなと思った時期がありました。先輩に相談すると，「ミニティーチャー」という言葉を教えてもらいました。そして翌日，教室に導入してみたことがありました。
　しかし，教え合いがうまく機能しませんでした。子どもたち同士の関係性がまだ希薄だったため，終わった子が終わっていない子に話しかけることすらできなかったのです。

　また，そうした薄い関係性の中で安易に「教える・教わる」という関係が生まれてしまうと，教室の中に上位下達の構図ができあがってしまう心配もありました。
　当時の私の理解度では，まだ「ミニティーチャー」で育ち合う教室がイメージできなかったのです。

　そこで，「できる子が教える」という方向を変えてみようと思いました。
　できない子，わからない子がアクションを起こすという方向に変えてみたのです。
　その時の合言葉が「誰か！」「助けて！」「ヘルプミー！」でした。

これが，思った以上に子どもたちにはヒットし，ノートを持って「○○さん，助けて〜！」と教わりに移動する子どもたちが増えたのでした。
　動かすのは，「終わった子」ではなく「終わっていない子」だったのです。

　そう考えると，「動かしたい」なら「動く」ように「言わせる」のが直球です。
　この時，もし「誰かに相談してみたら？」や「○○さんに教えてもらってきなよ」と促したとして，その子は思い切って動けるでしょうか。
　もし，「できなさ」に「後ろめたさ」を感じているのなら，動く勇気が必要になります。自分だったら……動けないかもしれません。

　だからこそ，「誰か！って手をあげてごらん。今行くって言ってくれるよ」「助けて！って言ってみて。きっと誰か来てくれるよ」「ヘルプミー！って言ったらみんなは OK ！って返すから」と言って，ダイレクトな言葉を言わせてみるようにします。
　暗に促すような指示ではなく，「具体的な行動」として合言葉を指示してみましょう。

　よく，「どうしたらよいか考えなさい」という指示で子どもたちの思考を促す場面がありますが，そもそも子どもたちに言葉の選択肢や語彙のバリエーションがなければ，考えられるわけがありません。
　「こう言うんだよ」「こう言って動くんだよ」と，きちんと具体的な言葉で教えてあげることも必要ではないでしょうか。

第 1 章　合言葉で子どもを自走させる10のポイント　　029

POINT 10

自分の言葉で効果を語らせる

　合言葉は，あくまできっかけです。自分でアクションを起こすためのスイッチであり，アクセルであり，原動力です。

　スイッチを押せば明かりがつくように，アクセルを踏めば車が動くように，原動力があれば何か行動が起きます。

　教師は，その行動にフォーカスしてほめますが，それだけでは不十分です。

　子どもたちの中に，「ほめられるためにする」という因果関係が生まれてしまうからです。

　もちろん，初期はそれでよいのですが，いずれ子どもたちがその価値を実感し，自分で自分を動かしていけるようになるための合言葉ですから，教師からほめるだけではなく，子どもが合言葉を通してどう変化したか，成長したかを語らせてこそ，合言葉が子どもたちに腹落ちするのです。

　教師は，「さっき，『なるほど』って言いながら問題解いてたよね。言うようになってどう？　変化ある？」などと聞いてみたり，「友達と相談していて，『確かに！』って言ってもらえるとどんな気持ちになるの？」と尋ねてみたりする中で，「心からそう思えるようになった」とか，「話していて安心できる」など，子どもの声でその効果が実感できるようになります。

　この時，教師は合言葉を「教える」だけの存在ではなく，「引き出す」「つなげる」という役割を担うようになっているのです。

030

ティーチャーから，ファシリテーター，コーディネーターとしての立ち位置になっているのです。

　この役割について，教師が自分で意識して子どもたちに接していくことで，子どもたちが自分の言葉で語れるようになります。
　教師が合言葉を「教える」だけの存在になっていると，子どもたちの中にある価値は表出しません。言わせて終わりでは効果は実感できないのです。

　これは，氷山モデルに重ねて考えることができます。
　使っている言葉は水面上に出ている部分です。そして，水面下にはその価値が沈んでいます。「習慣化」や「芯」となる部分です。
　そして，深くなればなるほど先が細くなっていきます。一番深い部分が「絞られた概念」と言ってもよいでしょう。腹に落ちている部分と言ってもよいかもしれません。

　教師は，表面上（水面上）で合言葉を使わせていくだけではなく，水面下の部分にアプローチし，太く，深く子どもたちの価値観を育てていく必要があります。
　だからこそ，子どもたちには，合言葉の水面下を意識させ続けていく必要があるのです。
　ぜひ，子どもたちが自分の心に矢印を向けるような問いかけで価値を引き出してみてください。

第１章　合言葉で子どもを自走させる10のポイント　　031

第2章

子どもが
自走できるようになる
「ちょこっと合言葉」50

> 対話・話し合う時

01

話し合いの切り出し方を体得できる
「今から話しますね」

 子どもたちへの伝え方

　みなさんだけで話し合いを進めるのは，簡単なことではありません。
　みんなそれぞれに言いたいことがあったり，聞いている最中に思いついたことを話したくなったりするからです。
　特に気をつけなければならないのが，「話の聞き方」です。
　友達同士，自分たちだけで話し合おうとすると，ついつい話の聞き方が雑になってしまいます。
　だから，話したい人，今から話す人，何か自分の順番が回ってきたら，まず一言「今から話しますね」と言って，話す意思を示してください。
　同時に，聞いているみんなは「はい，どうぞ！」「みんな，聞こう！」と言ってその人が話しやすい雰囲気をつくってください。
　そうやって，先生がいなくても，順番を守って意見を述べ合ったり，お互いに聞き合ったりして話し合いを進められるようになったら，みんなの話し合いの力が高まっていきますよ。

　それをせず，相手が聞いていないのにだらだら話したり，相手はきちんと聞いているのにいつはじめたかもわからないお話をされたりしても，いい話し合いにはなりませんね。
　そういうことがあれば，やり直しして何度も話し合いを切り出してみましょう。

 ちょこっとスキル

❶「話しますね」の「ね」を強調させる。
❷「はい!」「どうぞ」など,聞き手のリアクションもセットにする。

 なんのための合言葉?

・話し合いの切り出し方を体得するため。
・みんなで聞き合う空気をつくるため。

> 対話・話し合う時

02

話し合いのテンポが保てる
「わかるわかる」

 子どもたちへの伝え方

　話し合いをしていると，本当に相手に伝わったか不安になることはありませんか？
　何か自分の説明が悪かったのかな……とか，何か変なこと言ってしまったかな……など，つい口を閉ざしてしまうこともありますよね。
　いい話し合いでは，たくさんの理解が生まれていきます。お互いの「わかる」が増えていく時間です。
　それは，計算がわかるとか，考え方がわかるとか，納得するとか，そういうたくさんの意味をもった「わかる」です。
　だから，「あ，そうか」と思って，相手の言いたいことが理解できた時は，何度も「わかるわかる」とリアクションしてあげましょう。「うん，わかる」「それ，わかる」「あ〜，わかる」など，色んなパターンの「わかる」が生まれるといいですね。

　こういう返しを，「リアクション」とか「あいづち」と言ったりします。いい話し合いでは，このあいづちがたくさんあります。教室中のあちらこちらで，「わかる！」「わかるわ〜」「わかった！」とたくさんのリアクションが増えるといいなと思います。

 ちょこっとスキル

❶「うん」の後に「わかる」と加えると言いやすくなる。
❷首を縦に振って言わせるとよい。

 なんのための合言葉?

・話し合いのテンポを保つため(話し合いが途切れないようにするため)。
・リアクション,あいづちを身につけるため。

対話・話し合う時

03

自分の理解度を高められる
「なるほど！　確かに！」

子どもたちへの伝え方

　友達と話していて、「そうだな」「わかったかも」と思えたら、積極的に使ってほしい言葉があります。
　それは、「なるほど」です。この「なるほど」には、2つの意味が込められているんです。
　1つ目は、「自分」に対する意味です。自分の中にやる気が芽生えた瞬間に、「なるほど！」と言うことで、学びがより楽しくなります。
　2つ目は、「友達」に対する意味です。友達に対して、「説明がわかりやすいよ」というメッセージになり、「理解できそうだから安心して」という意味を伝えることができます。
　だから、「なるほど！」と勢いよく言ったり、「なるほど〜」と感心して言ったりすることで、話し合いの理解が進み、話し合いに安心感が生まれるんですね。話し合いが一歩進むとも言えますね。

対話・話し合う時

 ちょこっとスキル

❶「つぶやく」「勢いよく」など，使い分けを教える。
❷言った後に，すぐ考えを書かせると考えが固まりやすい。

 なんのための合言葉？

・自分の理解度を高めるため。
・友達へ安心感を与えるため。

対話・話し合う時

04

素直な自分を育てられる
「そういうことね！　本当だ！」

 子どもたちへの伝え方

　みんなが話し合いをしたいと思える人はどんな人ですか。決して否定してくるような人ではありませんよね。いつも言い訳や反抗的な態度で話す人とは話し合いたくないですよね。
　そういう人を見ていると、もっと「素直」に聞いたらいいのに……と思います。「素直」は、友達と話し合う時に必要な力の１つです。

　だから、自分が違ったなと思った時とか、相手の言いたいことがわかったりした時は、「そういうことね！」と言ってみるんです。「本当だ！」と素直に驚いてみるんです。

　すると、新しい考えが自分の中に広がっていくようになります。そして、それを見たり、聞いたりしていた友達はうれしい気持ちになるでしょう。思わず笑顔になってしまうかもしれないし、「そうでしょ？！」「本当でしょ？！」と一緒に共感してくれることでしょう。ハイタッチするなどして、テンションが上がってしまうことも考えられます。
　きっと、こんな言葉を使える人は、誰とでも対話できる、話し合えると思いますよ。素直になって使っていきましょう。

💬 ちょこっとスキル

❶「そういうことね」と言って手をパチンと合わせてみるとよい。
❷ 喜びながら「本当だ」と言うと相手が笑顔になりやすい。

💬 なんのための合言葉?

・素直な自分を育てるため。
・納得できる自分を育てるため。

対話・話し合う時

05

みんなで学びを進められるようになる
「ちょっと待って！　置いていかないで！」

 子どもたちへの伝え方

　いい話し合いってどんな話し合いだと思いますか？　それはね，みんなで進んでいる話し合いです。
　今，みんなは4人で机を寄せ合っているでしょ？　写真で見てみると，一見「話し合っている」ように見えます。もちろん，話し合っています。
　でもね，「その中身はどうか」まで考えた方がいい。みんなで進んでいるかどうかを確認しながら進んだ方がいいんです。
　「あの子は大丈夫かな」「お隣さんはわかっているかな」「みんな同じこと考えているかな」って，お互いに気をつけながら話し合うんです。
　だから，もしわからない人がいれば，もし追いついていないなって思ったら，すかさず「ちょっと待って！」「置いていかないで！」って言いましょう。言っていいんです。それは，いい話し合いのための条件でもあります。
　わからなくて申し訳なくなる必要はないし，追いついていないからこそ声をあげるべきです。

　ちょっと練習してみましょう。
　「ちょっと待って！」「置いていかないで！」（数パターンできるとよい）
　隣の人は，「どうした？」「大丈夫か？」「もう1回言うね」と立ち止まってあげましょう。みんなで進みましょう。

 ちょこっとスキル

❶ 言いにくい言葉ほど,復唱させて慣れさせていく。
❷ 言われた後のリアクションまで想定して練習させる。

 なんのための合言葉?

・みんなで学びを進めるため。
・友達を気遣う姿勢を身につけるため。

対話・話し合う時 06

話し合いが続く感覚を身につけられる
「〜ですよね？　でもさ……」

 子どもたちへの伝え方

　話し合いをしていて，すぐに終わってしまったことはありませんか？　時間がもたなくなって，すぐに黙ってしまうことがあった人はどのくらいいるでしょうか。

　話し合いが続かない時，実は「あること」がたりていません。それは，「質問」や「反論」です。お互いの言いたいことだけを伝え合って終わるのではなく，相手の言ったことに対して詳しく知ろうとしたり，違うんじゃないかと思ったことに対して確かめたりすることです。

　そういう質問や反論がない話し合いは，ただの伝え合いであって，対話や話し合いとは言えません。何か言ったら質問がくる。何か伝えたら反論される。それこそ，対話が続いていく秘訣です。

　だから，みんなに言ってほしい言葉があります。それが，「でもさ」です。「でもさ」と言って話し合いを続けてもらえたら，そう簡単に終わることはありません。きっと，お互いの話し合いが噛み合って進んでいくようになります。

　その際，相手の意見や考えに対して「〜ですよね？」と１回は受け止めてから使うようにしましょう。すると，頭ごなしに否定された感じはせず，受け止めてもらった上でお返事を受け取ることができます。

　みんなで，終わらない対話・話し合いを目指して頑張りましょう。

 ちょこっとスキル

❶ 言葉づかいと口調を丁寧にするように意識させる。
❷ 反論の「でもさ」は，穏やかに言わせるようにする。

 なんのための合言葉？

・話し合いが続く感覚を身につけるため。
・いい意味で反論し合う感覚を身につけるため。

第2章　子どもが自走できるようになる「ちょこっと合言葉」50

対話・話し合う時

07

相手を説得する話し方を身につけられる
「〜じゃないですか？」

 子どもたちへの伝え方

　算数だったら確実に「答え」が存在しますよね。理科でも，大抵実験結果はみんな同じになるでしょう。
　でも，国語や道徳では，はっきりとこれといった答えが見つけにくい場合がありますね。もちろん，限りなく答えに近い答えはあると思いますが，感じ方や考え方が人それぞれ微妙に違ってくるのは当たり前です。
　じゃあ，どうやって話し合いをまとめるかという問題が出てきますね。答えが決まっていないのに，どうやって答えをまとめていくかということです。
　これは，「あるセリフ」を言うことによって決めていくことができます。それが「〜じゃないですか？」です。「〜じゃないですか？」と聞いて「うん」と言えば納得。「いや，でも」と言えば反対です。
　そして，友達一人一人に「うん」と言わせ続けていけば，いずれ１つの答えに絞ることができます。もちろん，周りの人はそんな簡単に「うん」とは言わないでしょう。きちんと説明して，きちんと説得して，自分の考えや根拠を伝えるから「うん」という納得を引き出すことができます。

　きっとこのクラスなら，答えのない中でもこの学級らしい答えに辿り着けると思います。お互いの意見を聞き合って，納得し合うゴールを目指していきましょう。

 ちょこっとスキル

❶ 相手が「うん」と言いたくなるような問いかけにする。
❷ 一方的な説明ではないことを意識させる。

 なんのための合言葉?

・相手を説得する話し方を身につけるため。
・お互いの意見を聞き合うため。

第2章　子どもが自走できるようになる「ちょこっと合言葉」50

対話・話し合う時

08

知りたい気持ちをはっきり伝えられる
「もう1回言って」

 子どもたちへの伝え方

　本当に知りたいと思ったら「聞き返す」。これは，子どもでも大人でも変わらないことです。
　でも，本当は聞き返したいはずなのに，「え？」「何？」「聞こえない！」のようなリアクションをしてしまうと，相手に不快な思いをさせてしまう可能性があります。話している人が悪いという構図になってしまうのですね。
　本当は話している人も一生懸命だし，聞いている人も一生懸命なのにね。
　だから，聞いている人は「もっと知りたい」「それ，もっと教えて」という気持ちを込めて「もう1回言って」と伝えてみるといいでしょう。「もう1回教えて」とか「もう1回言ってもらえる？」のように丁寧な伝え方にアレンジしてみてもいいかもしれません。
　すると，そういった寄り添う感じが相手にも伝わって「もう1回伝えようかな」と思えるのです。
　そうやってお互いに歩み寄れる話し合いがあたたかいですね。そして，「そういうことね」「なるほど」とリアクションできたら合言葉だらけの話し合いになりそうですね。

　自分の知りたいと思う気持ち，相手の話したいという気持ちを両方大切にした「もう1回言って」があふれることを願っています。

 ちょこっとスキル

❶「わかりたいからこそ」という気持ちを共通理解させる。
❷「もう１回言って」だが，何度でも聞いてよいことを伝えておく。

 なんのための合言葉？

・知りたい気持ちをはっきり伝えるため。
・相手の話したい気持ちを引き出すため。

> 対話・話し合う時

09

和やかな雰囲気をつくれる
「スマイル！ スマイル！」

 子どもたちへの伝え方

　対話で意見が強い人ってどんな人だと思いますか。話し合っていて話しやすい，聞きやすい人ってどんな人ですか。
　もし先生が1つだけ言えるとすれば，それは「笑顔の絶えない人」かなと思っています。
　怒っている人とは話したい気持ちになれないし，イライラしている人には何を言っても伝わらない感じがします。逆に，ニコニコしていれば安心するし，リラックスして話せます。というか，こっちも笑顔になる気がします。
　人間関係は鏡ですから，どうしたって「しかめっ面」の人と話すと，少なからず自分も影響を受けるものです。もちろん，相手がどれだけ曇った表情でも関係なく，自分の感情をコントロールして話せる人はいると思いますが，そう多くないとも思います。
　そして，もっと気まずくなるのは周りの人です。例えば4人班で2人の意見が対立しているとします。お互いの意見を伝え合っていますが，なかなか「うん」とはなりません。そのうち口調が強くなってきて，自ずと顔が険しくなっていきます。周りの人はどうしますか？
　そんな時は，「スマイル！　スマイル！」と声をかけてあげてください。本人たちは気づいていない場合があります。これっばかりは，周りの人が声をかけてあげる他ありません。みんなでいい話し合いの空気をつくっていきましょう。

 ちょこっとスキル

❶ 笑顔の練習をさせておく。
❷ 言われた時には素直に笑顔になる約束をしておく。

 なんのための合言葉？

・和やかな雰囲気をつくるため。
・感情をコントロールして話し合いに臨めるようにするため。

対話・話し合う時

10

話し合いはありがたいことだと思えるようになる
「ありがとうございました！」

 子どもたちへの伝え方

　どうすれば，対話や話し合いが成立すると思いますか。

　そうです，相手がいれば成立します。相手がいないと対話することも，話し合うこともできません。もちろん，自己内対話という形で自分自身と向き合うことも必要ですが，今考えたい対話や話し合いは相手がいる状態です。

　例えば，1位を取ることは，2位，3位の人が一緒に走ってくれるから可能になります。勝利を手にできるのは，戦ってくれた相手がいるから可能になります。

　そう考えると，一緒に話してくれたり，質問してくれたりすること自体が素晴らしいことであり，感謝すべきことです。対話できる。話し合えるというのは，ありがたい時間なのです。

　だから，友達と相談したり議論したりしたあとは，必ず言いたいですね。「ありがとう」と。

　そうやって感謝し合っていると，「次も話してみよう」「今度はもっと話し合いを続けよう」と前向きな気持ちになれます。対話・話し合いに前向きになる自分に出会えます。

　ぜひ，隣の席の友達に「ありがとう」を伝えましょう。同じ班のメンバーにも「ありがとうございます」と言いましょう。この教室の仲間にも感謝ですね。

 ちょこっとスキル

❶ きちんと相手を見てお礼を言わせる。
❷ 「ありがとう」の後に,「どんな気持ち?」と相手に聞いてみる。

 なんのための合言葉?

・話し合いはありがたいことだと思えるようにするため。
・お礼ができる人になるため。

> **1人で勉強する時**

11

自分で自分のスイッチを押せる

「よし，やるか！」

💬 子どもたちへの伝え方

　勉強のスイッチは誰が押しますか。先生ですか？　保護者ですか？　尖った鉛筆ですか？　新品のノートですか？

　確かに，これらがスイッチを押すことはあるでしょう。先生に言われたから，親が言ったからという場合もあるでしょう。

　キリッと尖った鉛筆を見て，何だかやる気が湧いてくることもあれば，新品のノートには，なぜか早く書きたくなることだってあります。

　でも，本来スイッチを押すのは自分ですよね。今誰かが答えてくれましたが，スイッチを押すのは「自分自身」なんですね。

　じゃあ，どうやって自分でスイッチを入れますか。どうやったらスイッチが入るでしょうか。はい，スイッチ入れてみて！

　簡単です。「よし，やるか！」と言えばいいんです。さっき，誰か言っていたのが聞こえてきました。みんなは知っているんですよね。もしかしたら，知らず知らずのうちに言っているんじゃないですか。「よし，やるか！」って。

　想像してみてください。「よし，やるか！」と言うとイメージできるはずです。鉛筆を持っている姿や，机に向かっている姿が。

　今から，1人でプリントに取り組んでもらいます。「よし，やるか！」と言ってから取り組むようにしましょう。どうぞ！

 ちょこっとスキル

❶「自分のスイッチを入れる」という意識をもたせておく。
❷活動させる際,「せーの!」と声をかけて全員で言ってみてもよい。

 なんのための合言葉?

・自分で自分のスイッチを押すため。
・頑張っている自分をイメージするため。

> 1人で勉強する時

12

投げ出さずに頑張れるようになる
「イケる気がする！」

 子どもたちへの伝え方

　家で宿題をする時，学校でテストを受ける時，その全てが簡単な問題ばかりではありませんよね。「習った気はするけど……」「確かこうだったような……」という，半分わかって半分わからない状態がよく訪れると思います。
　もちろん，「こうだ！」と言える問題だらけならよいのですが，1人でやっているとどうしても不安になってしまうことはあります。問題だって，それなりの難しさがあるでしょう。
　もしかしたら，そうした場面に出合った時に「もう無理だ」とか「知らないし」と言って投げ出してしまいそうな自分が出てくるかもしれません。
　そんな時，どっちの自分を選ぶのかということです。間違いなく，「イケる自分」を選んでください。「イケる気がする！」と口にしてみるのです。
　半々の気持ちを，自分の言葉でポジティブにもっていくんですよ。

1人で勉強する時

 ちょこっとスキル

❶ 自分に言い聞かせるつもりで言わせる。
❷ 表情も意識させるようにする。

 なんのための合言葉？

・投げ出さない自分をつくるため。
・ポジティブな思考ぐせをつけるため。

> 1人で勉強する時

13

負の流れを自分で断ち切れる
「切り替えていこう！」

 子どもたちへの伝え方

　1人で勉強していると，誘惑に負ける時があります。あって当然です。トイレに行った後，つい違うことに意識が向いたり，何か飲みたくなったりすることがあります。
　もちろん，その誘惑に負けずに頑張れたらよいのですが，自分の意思が負けてしまうこと，楽な方へ流されてしまうこともあるでしょう。
　それ自体は悪いことではありません。大人だってそういう時があります。
　しかし，また学習に向かうための「切り替え」は必要です。学校では，5分休憩が挟まれたり，チャイムや号令で切り替えたりすることができます。学習中も，タイマーや先生の指示で切り替えることができるでしょう。
　でも，自分1人だったらどうしますか。切り替えることは可能でしょうか。心配な人はいませんか。

　そんな時は，手をパンパンと叩きながら「切り替えていこう」と声を出してみましょう。近くに仲間がいて，その仲間とともに切り替えていくイメージです。スポーツの試合をイメージしてみてもよいかもしれません。
　みんなに伝えるつもりで，でも自分に言い聞かせるように，「切り替えていこう！」と手を叩いてみてください。きっと，体も学習に戻っていくと思いますよ。「切り替えていこう！」

 ちょこっとスキル

❶ 声のボリュームを使い分けさせてみる。
❷ 自分の内側に矢印が向くイメージをさせる。

 なんのための合言葉？

・負の流れを自分で断ち切れるようにするため。
・誘惑に負けない自分をつくるため。

> 1人で勉強する時

14

文字を通して太い自分をつくれる
「濃く，太く，強く」

 子どもたちへの伝え方

　朝，みんなの宿題に目を通していると，一生懸命かどうか一目でわかります。先生は，何を見て判断しているでしょうか。
　答えは「文字」です。文字を見れば，みんながどういう勉強をしてきたのかわかるんです。

　1つは，「濃い文字」です。逆をイメージすればわかると思いますが，ササっと鉛筆を走らせた文字は薄くなります。角が丸かったり，止めやハネも雑になったりしています。マスからはみ出ている場合もあるでしょう。鉛筆に重さを乗せて書くと，濃い文字が生まれます。
　2つ目は，「太い文字」です。濃く描こうとすれば，自然に筆圧が強くなりますから，太くなりますよね。先っぽだけを使って書いた字は，「細い文字」になります。
　3つ目は，「強い文字」です。これは，単純に筆圧の濃い，太く書かれた文字であると同時に，勉強への思いの強さ，学ぶ意識の強さ，雑に終わらせないという心の強さが表れています。
　この3つを意識して文字を書きましょう。濃く，太く，強く，書くんですよ。勉強がはじまる時，勉強をやっている時，勉強を終える時，自分の文字が「濃いか，太いか，強いか」を確かめて勉強してみてくださいね。

 ちょこっとスキル

❶ 一画ずつ「濃く，太く，強く」と言わせながら練習させる。
❷ 前のページと比較させながら取り組ませる。

 なんのための合言葉？

・文字を通して太い自分をつくるため。
・文字を通して一生懸命な心を見せるため。

> 1人で勉強する時

15

自分のペースを安定させられる
「いい感じ，いい感じ」

 子どもたちへの伝え方

　友達と勉強していると，一緒に進んだり解いたりできますね。自分のペースを友達に調整してもらいながら進めることができます。逆に，友達がいることで自分のペースが早いか遅いかわかることもあります。

　でも，1人でやっている時はやたらと早く終わらせてしまったり，逆にだらだら時間をかけすぎてしまうこともありませんか。

　そんな時は，「いい感じ，いい感じ」と呟きながら，自分の学習の節目をつくっていくといいでしょう。「ここまでOK」とか「半分まで終わったぞ」という区切りを意識すると言ってもいいですね。

　何度か自分のノートを振り返って，進めてきた問題を見返しながらつぶやくと，「ここからも頑張ろう」「残り半分もやるぞ」「さて，最後までしっかりやり切ろう」という意欲が出てきますね。

　ある意味，自分で自分をほめながら，「いいぞ私」「頑張れ私」という気持ちもこめて言ってみましょう。

 ちょこっとスキル

❶ 教師も同じようにつぶやいて机間指導する。
❷ 自分へのエールのつもりでつぶやかせる。

 なんのための合言葉？

・自分のペースを安定させるため。
・最後までやり切る姿勢を保つため。

> 1人で勉強する時

16

自分の可能性を広げられる
「まじで無理……じゃない」

 子どもたちへの伝え方

　勉強を投げ出してしまいたくなる時がありますね。きっと，多くの人がそんな思いをもったことがあると思います。
　そういう時は大抵，「まじ無理」「わかんない」「こんなのできない」と頭の中でつぶやいているのではないかと思います。
　ちょっとした壁にぶつかって，うまく進まなくなると，こういう言葉が頭の中に浮かぶんですね。
　じゃあ，どうやってその壁をうまく乗り越えるか，そして進むかということを考えなければいけません。1人で乗り越えるための方法を考えなければいけません。
　そのための一言が「まじで無理……じゃない」です。1回諦めかけるけど，そこからもう一度立ち直る一言です。
　その時，周りを見てみましょう。教室なら友達に尋ねればいい。家なら親に聞けばいい。お兄ちゃんやお姉ちゃんでもいいかもしれません。そうやって自分を支えてくれる人を探すのも大切な勉強の1つです。
　そうやって1人で塞ぎ込まず，人を頼って勉強するのも，「1人で勉強する」ことになります。自立です。
　無理なことなんてありません。一生懸命考えている人は，必ず壁を乗り越えることができますよ。

 ちょこっとスキル

❶ 弱い自分を強い自分でカバーするイメージをもたせる。
❷ 新しい自分との出会いを大切にさせる。

 なんのための合言葉？

・自分の可能性を広げるため。
・自分で自分の壁を壊していくため。

> 1人で勉強する時

17

自分の姿をメタ的に見つめられる
「できないの？ やらないの？どっちなんだい！？」

 子どもたちへの伝え方

　例えば、算数の文章題の意味がわからなくて「手をつけられない問題」はあると思います。英語の書き方がわからなくて「書けない」ということもあると思います。それらは、「できない問題」です。

　でも、「漢字練習」はできます。なぞったり、写したりするからです。社会の教科書を見ながらまとめることも「できる内容」です。

　ということは、「漢字練習をやり忘れました」は、「できなかった」のではなく「やらなかった」という捉えになりますね（もちろん、体調不良や家庭の事情、習い事との兼ね合いは考慮する）。

　だからみんなは、自分の実力的に「できない」場合を除き、大抵の場合は「やらない」選択をしているのです。簡単に言えば「やる気」を出していないだけなのです。

　でも、言い訳をします。「時間がなかった」「わからなかった」「難しかった」と言って「やらなかったこと」を「仕方がなかったこと」にしようとします。そうやって逃げているのはとてももったいない。

　自分の実力はもっと高いレベルにあるよ。やる気しだいでもっとできるようになるよ。だから自分の心に聞いてみるんです。「できないのかい？ やらないのかい？ どっちなんだい！？」ってね。「やる」んですよ。

 ちょこっとスキル

❶ 手を抜きたい自分の存在も認めるようにする。
❷ 自分自身に問いを投げかける感覚をもたせる。

 なんのための合言葉?

・自分の姿をメタ的に見つめるため。
・言い訳をして逃げない自分をつくるため。

第2章　子どもが自走できるようになる「ちょこっと合言葉」50　067

1人で勉強する時

18

教科書の価値を再確認できる
「教科書，教科書……」

 子どもたちへの伝え方

　みんな，教科書ってどのくらい見てますか。多くの人が授業中だけじゃないかと思います。でもね，どんどん見たほうがいい。家でも何回も開いたほうがいい。そう思います。

　教科書は，本当にわかりやすくまとめてあります。これ以上短くできない。これ以上わかりやすくできない。そのレベルまで削られているのが教科書なのです。

　だから，これを使わない手はない。使ったほうがいい。活用したほうがいいに決まっているのです。

　もし，何かわからないことがあったり，問題につまずいたりした時は，「教科書，教科書……」と言って開いてみてください。そして，自分が求めているページを探してみてください。きっと，教科書に助けてもらえます。

　友達に聞けない。先生もいない。そんな1人の時には教科書が味方になってくれますから，まず教科書を思い浮かべて手に取ってみてください。

　そして，今日は算数の復習をしようかなと思ったら，必ず算数の教科書を持ち帰るようにしてください。

　そうやって，教科書をうまく使ってかしこくなるんです。

　さ，教科書を開きましょう。

ちょこっとスキル

❶ 様々な教科で何度も言わせる。
❷ 教科書は味方(手がかり)だと認識させる。

なんのための合言葉?

・依存先(何を頼るか)を増やすため。
・教科書の価値を再確認するため。

1人で勉強する時

19

集中力を持続させられるようになる
「よし，次！」

 子どもたちへの伝え方

　1人で勉強している時，どうやって休憩をしていますか。休憩はとらずに一気に勉強を進めますか。どうでしょうか。

　人によって違うかもしれませんが，例えば1ページ終わったら，例えば10問解き終えたら，例えば30分経ったらなど，どこか区切りを見つけて休んでいるのではないでしょうか。

　友達と勉強していれば，相手のペースに合わせたり，「○○までやってからね」と約束したりして進めることができますが，自分1人だと区切りをつけにくい人がいるかもしれません。先生はそういう人でした。

　そして，休憩するとズルズルと休んでしまって勉強が進まないこともありました。

　では，どうやってうまく休憩をとりながら1人で勉強を進めたかというと，「よし，次」と言って，間髪入れずに勉強するようにしたんです。1ページ目が終わったらすぐに2ページ目に移るようにする。10問終わっても，すぐ11問目に入る。30分経ったらパッと休憩して再開するようにする。「よし，次」「よし，次」と言って自分でペースをつくったんです。

　みんなも，1人の時こそ自分で自分のスタートを合図できるようになってください。

 ちょこっとスキル

❶ 間髪入れずに言うようにさせる。
❷ 言いながら手を動かすようにする（リコーダーを吹く，タブレットの録音を押す，ノートをめくる……など）。

 なんのための合言葉？

・集中力を持続させていくため。
・自分で何度もリスタートを切るため。

> 1人で勉強する時

20
自分で自分を認められるようになる
「YDK！（やればできる子）」

 子どもたちへの伝え方

　ある学習塾のCMで流れていた言葉があります。2015年のCMです。
　それが「YDK」です（黒板に書きながら話す）。さて、どういう意味でしょうか。
　正解は、

　　Y……やれば
　　D……できる
　　K……子

です（CMが流せるなら流してみてもよい。実態による）。

　もしかしたら、勉強自体を楽しいと感じる人もいるかもしれませんが、慣れるまでは1人で勉強するのは大変です。
　だから、勉強をはじめる時、勉強をしている時、問題が解けた時、丁寧に書けた時、勉強が終わった時に、きちんと自分を認めてやるといいでしょう。

　自分に向かって「YDK」と言うのです。「やればできる子！」と言うのは恥ずかしいですよね（笑）。でも、「YDK」なら言いやすいかもしれません。
　自分で「できる自分」をきちんと見つめてあげてください。

 ちょこっとスキル

❶ 教室の共通語として「流行語」にしていく。
❷ 同じような頭文字をとった「造語」を作っていく。

 なんのための合言葉？

・自分で自分を認められるようにしていくため。
・できる自分をきちんと見つめるため。

係・当番活動時

21

継続的に活動を進められるようになる
「毎日やんねん！」

 子どもたちへの伝え方

　係活動を立ち上げるとね，最初はやる気が出ます。頑張ろうって思えます。楽しいなって思います。
　でも，時間が経つにつれて最初の頃のようなわくわくが薄れていきます。「遊びたいな」とか「面倒くさいな」と思ってしまうかもしれません。
　そういう時，「みんなのためだよ」とか「あなたがやらないと進まないよ」などと言われますが，実はそうも言えないと思います。
　例えば，誰かが欠席したらその仕事は誰がやりますか？　そうですよね，誰かが手伝ってくれたり，サポートしてくれたりするはずです。お休みの人がいてもなんとかなるものですよね。
　だから，実は係や当番の仕事っていうのは，人のためでもあるけれど，一番はしっかりとした自分をつくっていくという意味があると思うんです。
　自分の責任を毎日果たす。自分の役割を毎日こなす。自分の選んだ仕事に毎日力を使う。そういう「毎日」が確かな自分をつくっていくんです。
　漫画『ハイキュー』の登場人物である北信介さんは，そういう丁寧な姿を「毎日やんねん」と言っていました。「仕事すんねん」ではなく，「毎日やんねん」なのです。
　一度に大きなことはできません。仕事は一気に片づきません。毎日毎日，丁寧にやるしかないのですよ。

 ちょこっとスキル

❶ 実際の映像と合わせて示す（YouTube など）。
❷ 教師も毎日言い続ける。

 なんのための合言葉？

・継続的に活動を進めていくため。
・毎日を積み重ねていくため。

> 係・当番活動時

22
ちゃんとやることの心地よさを感じられる
「ちゃんとやんねん！」

 子どもたちへの伝え方

　北信介さんは，もう1つ言っていました。「ちゃんとやんねん」です。合わせると，「毎日やんねん。ちゃんとやんねん」です。
　仕事を「やらされる」とか「押しつけられる」と感じると，やる気が一気になくなるでしょう。そういう仕事は必ず「手抜き」となり，「雑」になります。「やっつけ仕事」とも言いますね。
　それでは「やらない」より悪い。悪影響の方が大きいです。やるならちゃんと。それが「ちゃんとやんねん」です。
　そういう丁寧は，「心地よさ」さえ生み出します。きちんとやっている充実感，やり遂げた達成感を生み出します。綺麗になった教室，人のためになった活動はさわやかです。
　この言葉は，自分に対しても友達に対しても言えます。雑巾がけをしながら「ちゃんと拭くねん」と自分に言い聞かせてみてください。給食を配膳しながら「ちゃんと置くねん」と心の中でつぶやいてみてください。
　一緒に活動している時に誰かが手を抜いたら「ちゃんとやんねん！でしょ」と声をかけられます。「やって！」という命令形ではなくて，「一緒に丁寧を目指そう」と伝えることもできます。

　学級のみんなが心地よく活動できることを願っています。

 ちょこっとスキル

❶ 機械的な仕事とは似て非なるものだと伝える。
❷ 丁寧に,細かい部分にこだわって行う。

 なんのための合言葉？

・ちゃんとやることの心地よさを感じるため。
・学級のみんなの心地よさを大切にするため。

係・当番活動時

23

自分の心を相対的に見つめ直せる
「コツコツが勝つコツ」

 子どもたちへの伝え方

　係の活動をしない。係の仕事をサボる。当番なのに遊んでしまう。当番活動を無視する。そんな時，みんなの中では「どんな心」が勝っているのかな。

　そうだね。「弱い自分」「勝手な自分」「中途半端な自分」……もっと出てきそうですね。こうして今考えてみるとわかると思うんだけど，そんな自分の心をどう思いますか。それでいい，そのままでいいと思う人はいないはずですね。

　じゃあ，当番や仕事の活動は難しいものですか，できないことですか，それ自体がみんなにとってレベルが高すぎるのでしょうか。そんなことはないですよね。

　ということは，サボったり遊んだりしてしまうのは，単純に自分の心が負けているということです。勝てない心なのです。

　実は「かつ」という言葉は「勝つ」という書き方の他に「克つ」と書くこともできます。単純な「勝った負けた」ではなく，「弱い自分に打ち勝つ」ことを「克つ」と言います。「克己心」という言葉もあるくらいです。己の心に打ち克つということですね。

　「克つ」ためには，コツコツが大切です。「毎日やんねん」にも関わりますが，地道に続けることでしか自分に「かつ」ことはできませんよ。

 ちょこっとスキル

❶ 普段目立ちにくいしっかり者をモデルにする。
❷ 内面的な弱さにもアプローチする。

 なんのための合言葉？

・自分の心を相対的に見つめ直すため。
・地道に続ける力を身につけるため。

> 係・当番活動時

24

チームで仕事を進められる
「やるよ〜！　はーい！」

子どもたちへの伝え方

　係や当番活動っていうのは，何人かでやるものですよね。気の合う仲間である場合もあるし，単純に番号順でチーム編成される場合もありますよね。

　そんな中で，全員が一気にやる気をもって「せーの」で取り組めたらよいのですが，そうもいかない時だってあります。

　育っていない学級だと，「先生，○○さんが仕事しません！」と言いつけにくることもあります。もちろんやらないからそうなるわけですが，先生はお互いに声をかけ合って，素直に聞き入れ合うチームになれば解決すると思っています。

　メンバーの誰かが「やるよー！」って声をかけるんですね。それに気づいた人が「はーい！」って応えるのですよ。それだけで活動はスタートします。やっていなかった人も途中から参加します。先生に言いつけにくる必要もありません。単純なのです。

　だからね，みんなには「横のつながり」で声をかけ合うこと。そして，声をかけられたら「素直」に返事をすることを約束してほしいんですね。

　そうやってお互いに仕事や活動ができたら，みんなで進むことができます。そういう学級になっていきます。声もかけない，返事もしない。そんな中でお仕事はできません。「やるよー！　はーい！」の関係をたくさんつくっていきましょう。

係・当番活動時

 ちょこっとスキル

❶ １人ではなく，複数人で言わせると効果が高い。
❷ 聞こえたら，必ず「はーい！」と言わせる。

 なんのための合言葉？

・チームで仕事を進めるため。
・素直に聞き合える関係を築くため。

係・当番活動時

25

仕事への責任感を高められる
「お仕事です！」

 子どもたちへの伝え方

　いくら「世のため人のため」と言っても，「嫌なものは嫌」と思う時もあるでしょう。先生も，「配膳台」を拭く時に野菜が落ちていて嫌だったことがあります。牛乳のストローが雑に捨てられていたり，箸が引っかかったりしていることもありました。「嫌だなあ」と思った事実があります。

　でも，そういう仕事を誰がやるのでしょうか。いつまでも「誰か」に頼りっぱなしでいいのでしょうか。いつになったら「自分」からやるのでしょうか。

　人は，時に「お仕事です！」と言い聞かせて動かなければなりません。「仕事だからやる」という気持ちも必要なのです。

　例えば，日直は全員に回ってきます。必ず番号順にその時がやってきます。それを，自分だけやらないということはできません。これは，「必ず仕事をしなさい」ということではなくて，「みんなで分担しているんだから，1人ずつやっていこうよ」ということです。

　その時の感情で，気分のままに過ごしていいわけではなく，お仕事なのだから，教室のルールに従ってしなければなりません。

　これも「自分に言い聞かせる」ために必要な合言葉です。自分の気持ちを前向きにするための「お仕事です！」という意味が込められています。

　きちんと「お仕事」ができる人になってくださいね。

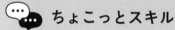 **ちょこっとスキル**

❶ 厳しめに伝えてもよい（給食のワゴンを待たせないために時間で仕事を終えられるようにする）。
❷ 仕事をきちんとするカッコよさも伝える。

 なんのための合言葉？

・仕事への責任感を高めるため。
・学級全員で仕事を分担している意識を高めるため。

係・当番活動時

26

活動の区切りを意識できる
「お疲れさまでした！」

 子どもたちへの伝え方

　掃除の反省会をする学校はたくさんあります。先生もいくつかの学校を見てきましたが，掃除カードを作って反省会をしている学年の方が多かったと思います。
　この反省会は，結構大切だと思っています。区切りをつけるというか，きちんと終わりにする儀式のようなものだからです。「礼に始まり，礼に終わる」という言葉があるように，はじめのあいさつだけではなくて終わりのあいさつまできちんとしたいですね。
　でも，そういう終わり方をするのは掃除くらいですよね。委員会活動やクラブ活動など，他の学年と活動する時はするかもしれないけれど，学級での給食準備や片づけ，係活動では，なかなかそうしたあいさつはしません。
　だから，今日からはきちんとお互いに声をかけてメリハリをつけて活動してほしいんです。「お疲れさまでした！」と「終わりの合図」をきちんとしましょう。
　中には，「まだやりたい！」「あと少し！」という人もいます。だから，当番やチームで「ここまでにしよう」という区切りの意味も込めてあいさつするのです。

　そうやって，自分たちの活動時間をコントロールしていってくださいね。

💬 ちょこっとスキル

❶ 活動の区切りを明確にする意味をもたせる。
❷ 友達の関わりより，仕事仲間としての関係を大切にさせる。

💬 なんのための合言葉？

・活動の区切りを意識するため。
・明日も頑張ろうとする意識を高めるため。

> 係・当番活動時

27
活動を楽しくする意識を高められる
「いえ〜い！　ナイスです！」

 子どもたちへの伝え方

　係活動や当番活動は，少なからず「しなければならない」という面があります。もちろん，自分から「やりたい」と言って取り組んでいる人がいて，そういう面もありますが，作業的な活動でその意味を考えなくなっていく活動も多くあります。

　でも，それだと大人の世界では「機械」でも可能な仕事になってしまいます。そんな心のない仕事をみんなにやらせるわけにはいきません。

　もし，作業的な活動だったとしても，例えば誰かが「ありがとう！」とか，「助かる〜！」と言ってあげたら，した方もされた方も嬉しい気持ちになりますね。

　それに，一緒に仕事をした人とハイタッチをしてみたり，グータッチで労い合ったりすれば，そこには「やってよかったな」とか「また次も頑張ろう」っていう気持ちが生まれてきます。

　仕事をした人も，してもらった人も，みんなで「お疲れさまでした」の気持ちを込めて「いえ〜い！　ナイスです！」と言い合えたらいいですね。

　もしかしたら，「お仕事」に思いやりが込められるようになったり，「やる気」を込めたりできるようになるかもしれませんよ。

　そうやってみんなで支え合える教室を目指しましょう。

係・当番活動時

 ちょこっとスキル

❶ 何気ないことに喜べる姿勢をもたせる。
❷ 自分から手をさし伸べるようにさせる。

 なんのための合言葉？

・活動を「楽しくする意識」を高めるため。
・前向きな気持ちを引き出し合っていくため。

第2章　子どもが自走できるようになる「ちょこっと合言葉」50　　087

係・当番活動時

28

目的意識を再確認しながら活動できる
「三方よし！」

💬 子どもたちへの伝え方

　大人のお仕事は、誰かのためになってこそお仕事になります。
　だって、誰かに損をさせようとか、誰かを騙してやろうとか思って仕事をする人なんていませんよね。
　昔、「近江商人」の人たちは、よい商売の条件として「三方よし」を大切にしていました。
　三方というのは、「売り手よし」「買い手よし」「世間よし」の三方だったんですね。自分だけではなく、相手も、みんなも幸せになる方法を考えて商売をしていたということです。

　これは、教室でも言えることです。「自分」もやって楽しい。「相手」もしてもらって嬉しい。「みんな」も過ごしやすい、居心地がいい。そんな三方よしを目指すべきですよね。
　だから、係活動をする時は、自分たちだけが楽しんではなりません。相手を不快にするようなこともあってはなりません。教室に貢献する態度を失ってはいけません。

　みんなでみんなの教室をつくっていくためにも、「三方よし！」を合言葉にしていきたいですね。

ちょこっとスキル

❶ 頭の中に三方（みんなのこと）を想像させる。
❷ みんなのために働ける自分に誇りをもつようにさせる。

なんのための合言葉？

・目的意識を再確認しながら活動するため。
・活動に意味をもたせていくため。

係・当番活動時

29

困難な状況を自分で打開できる
「ヘルプ！　お願いします！」

 子どもたちへの伝え方

　みんながこれまで生活してきた中で，誰かが休んで困ったことはありませんでしたか。日直が休んで「〇〇さん，日直ね」と急に当番が回ってきたことや，班のメンバーが休んでトイレ掃除を1人でやらなければならなくなったことはありませんか。

　そんな時，どうしましたか。給食当番がお休みした時，健康観察カードを持ってくる子が休んで届いていなかった時，どうしましたか。きっと誰かが持ってきたり，サポートしたりしたのではないですか。
　そうやって，イレギュラーが起きた時に支え合える学級こそ，素敵な学級です。「当番じゃないから」と言って責任を取ろうとしない人は残念です。
　当番じゃないけれど，「自分の学級の問題だから」「友達のことを思えば」と言って動いてくれる人がたくさん増えていくのが，学級の望ましい姿です。
　だから，誰かが休んだりいなかったりしたら声を出しましょう。「ヘルプ！」と。そうやって助けを求めましょう。もちろん，「どうした！？」「手伝おうか？」と返事してあげましょう。そして「お願いします！」と頼りましょう。

　誰だって休む時はあります。「お互いさま」「お陰さま」の気持ちで仕事を支え合うのです。

 ちょこっとスキル

❶「ヘルプ！」と言うのは恥ずかしいことではないと伝える。
❷「お願いします！」と丁寧に関わらせる。

 なんのための合言葉？

・困難な状況を自分で打開していくため。
・「お互いさま」「お陰さま」の気持ちを育むため。

第2章 子どもが自走できるようになる「ちょこっと合言葉」50　091

係・当番活動時

30
自分たちの活動を自分たちで盛りあげられる
「拍手！」

 子どもたちへの伝え方

　教室に「拍手」があふれるといいですね。
　なんというか，教室の空気が変わります。仕事をした後だったら「頑張ったな～」と思えます。
　例えば，先生たちの会議では，授業を頑張った先生に対して「お疲れさまでした！」と言って拍手を送ることがあります。みんなも，児童朝会で執行部の人が発表したりすると拍手しますよね。

　先生は，例えば掃除が終わった後に拍手をしていいと思うし，給食当番にお疲れさまの拍手をしてあげていいと思う。係活動の発表が終わった後には拍手がしたいし，みんなで拍手をあふれさせたい。

　だから，自然に拍手が起こるのを待っているのではなくて，口ぐせのように言ってほしい。「拍手！」ってね。

　そうやって何かの度に拍手が増えるといいな。
　みんなはどうですか。

係・当番活動時

💬 ちょこっとスキル

❶「1時間に5回は拍手をしよう」などと目標を立ててみる。
❷「拍手隊長」や「拍手係」があると日常的に位置づけやすい。

💬 なんのための合言葉？

・自分たちの活動を自分たちで盛りあげていくため。
・全体を巻き込む感覚を養うため。

> 友達と関わる時

31

あいさつ第一声が習慣化できる
「おはよー！　元気〜？」

 子どもたちへの伝え方

　みんなが一生使っていく言葉の1つに「あいさつ」があります。これは，子どもも大人も，おじいちゃんやおばあちゃんも使います。
　先生だって使うし，レジのバイトの人だってあいさつをします。サッカーの試合もバレーボールの試合も，最初と最後にはあいさつしますよね。
　人と人とが関わる時，必ず「あいさつ」が交わされるのです。
　だから，教室に入ってまず一言目は「あいさつ」からスタートするんですね。親しい人なら「おはよう！」でもいい。まだあまり交流がないなら「おはようございます！」でもいい。とにかく，教室の全員に「おはよう」と声をかける気持ちで過ごしてほしいです。
　そして，それが習慣となって自然にあいさつができるようにもなってほしい。考えなくてもまず口が動くようになってほしい。そういうレベルまであいさつは磨いてほしいです。
　さらに，「元気？」と気にしてあげること。この一言が追加されるだけで思いやりの気持ちがグンと高まります。何気ない一言ですが，お互いの距離を縮める方法です。「気にしてくれているんだな」「自分のことを大切にしてくれているんだな」と思うからです。
　今日はまず練習として，1回全員でやってみましょう。
　起立，はじめ。
　「おはよー！　元気〜？」

ちょこっとスキル

❶ 手を広げて言わせてみる。
❷ 笑顔で関わるように促す。

なんのための合言葉？

・あいさつを第一声にする習慣化を図るため。
・お互いに気遣い合うため。

> 友達と関わる時

32

共感力を高める
「わかる〜」

 子どもたちへの伝え方

　先生にも友達がいてね，よく LINE で連絡をしたり，電話をかけたりします。その友達の口ぐせが「わかる」なんです。いつも「わかる」「わかる」って言うのです。
　不思議と，「わかる」って言ってもらえるだけで安心するのですね。「わかってくれてる」って思うだけで。

　これ，結構大事なことで，難しい言葉だと「共感」って言ったり，「理解者」って表現したりします。どちらも，自分のことをわかってくれて同じ気持ちになっているという意味があります。
　逆に，「わからない」と言われたらどんな気持ちになりますか。寂しいですね。悲しいですね。辛いです。例えわからなくても，言ってはならない言葉だと思います。そして，「わかってあげたい」と思いたいし，「わかってあげよう」と努力すべきかもしれません。

　だから，まず「わかる」と言ってあげるんです。「わかる」と言えば，自然に「何を」の部分を考えるようになりますから。そうやってお互いに安心感を与え合ってやりとりできたら幸せですね。

 ちょこっとスキル

❶「わかる〜」と伸ばしたり「わかる！」と言い切ったりさせる。
❷ うなずきながら言わせる。

 なんのための合言葉？

・共感力を高めるため。
・わかり合う努力をするため。

> 友達と関わる時

33

受容する力を高める
「いいよ〜！」

 子どもたちへの伝え方

　思い出してみてください。今日何回「いいよ〜！」って言いましたか。頭の中で数えてみてください。
　よく考えてみると，1日の中で「いいよ〜！」って言えるチャンスはいくつもあります。
　「消しゴム貸して」「教科書何ページか教えて」「ノート見せて」「ここ教えて」「昼休み，一緒に遊ぼう」「今日，一緒に帰れる？」など，たくさんのチャンスをつかむと，「いいよ〜！」があふれていきます。
　教室は友達と関わる場所です。必ず会話があります。話しかけたり，尋ねられたりするのが教室だからです。

　それなのに，その時「いいよ〜！」って言ってあげられなかったら，教室から会話がなくなります。断られたり，嫌な顔をされたりすると，次第に話しかけなくなっていく可能性が高いからです。そして，いずれ答えることもなくなります。そんな教室は嫌ですね。どうですか？

　何か話しかけられたら，すぐ「いいよ〜！」ってお返事できる人になりたいですね。そういう人は，たくさんの人から頼られます。そして信頼を得ます。友達の輪が広がり，誰とでも関わっていける力を身につけるでしょう。
　そんな人になってみたいと思いませんか。

 ちょこっとスキル

❶「いいよ〜！」が安心感を生むことを強調しておく。
❷「いいよ〜！」を言える自分を大切にさせる。

 なんのための合言葉？

・受容する力を高めるため。
・関わりの輪を広げるため。

> 友達と関わる時

34

相手を喜ばせられる人になる
「はい！ イエス！ 喜んで！」

 子どもたちへの伝え方

　前に，先生は「いいよ〜！」と言い合える教室にしたいということをみんなに伝えました。
　最近は，そういう人が増えてきて，「いいよ〜！」が聞こえてくる度にあたたかい気持ちになっています。それに，お互いに笑顔でコミュニケーションをとっている様子が見られて，とても嬉しいです。いい教室になってきましたね。

　それで，きっとみんなならもう少し高いレベルで友達と関われるんじゃないかと思って，もう１つ口ぐせにしていきたい言葉を教えていきますね。
　それが，「はい！ イエス！ 喜んで！」です。「いいよ〜！」以上に相手を喜ばせたり，幸せにできる言葉です。
　友達は，もしかしたら「いいよ〜！」と言ってもらえていても「大丈夫かな」「気にしてないかな」と心配になるかもしれません。だから，「いいよ」の最上級としてこの言葉を使ってみてほしいんです。
　「消しゴム貸して」「喜んで！」と言えば思わず笑顔になりますね。「この問題教えて」「喜んで！」とやりとりできたら，相手も安心するはず。

　みんなのリアクションは，友達を喜ばせるためにあります。ぜひ，「はい！ イエス！ 喜んで！」にレベルアップさせていきたいですね。

ちょこっとスキル

❶ 受動的（いいよ）ではなく，主体的に関わるようなイメージをもたせる。
❷ 人を喜ばせられる自分を誇りに思うようにさせる。

なんのための合言葉？

・相手を喜ばせられる人になるため。
・相手を安心させられる人になるため。

> 友達と関わる時

35

適切な形で自分の主張を通せるようになる
「ちょっと待ってもらっていい？」

 子どもたちへの伝え方

　本当に仲のよい友達なら、「ちょっと待ってもらっていい？」と言えるはずなのです。
　「ちょっと待って！」と命令口調になることもありません。
　そして、「待って！」と言えない関係でもありません。「待ってもらっていい？」と聞ける関係なのですね。

　待ってほしいんだけど、相手に尋ねている。それがこの言い方です。自分の言いたいことも言う（主張）けれど、相手も大切にする（尊重）。こういう気遣いができるのです。
　逆に言えば、こうやって自分の意見も言いながら相手もリスペクトしていれば、いい友達関係が築けるということです。
　でも、うまくいかない場合は、さっき言ったように「命令口調」になってしまったり、「何も言えない」状態になったりします。それでは、お互いの力関係のバランスが悪い状態だと言えます。

　「待ってほしいけど、相手はどうかな？」をきちんと考えられる関係になりたいですね。そういう友達を増やしていけたらいいですね。

 ちょこっとスキル

❶「命令」と「依頼」の違いを確認する。
❷相手意識を大切にさせる。

 なんのための合言葉？

・適切に自分の主張を通していくため。
・相手を尊重しながらお願いする態度を育てるため。

友達と関わる時

36

反射的にためらわず謝る姿勢を身につける
「ごめんごめん」

 子どもたちへの伝え方

　本当に仲のよい友達というのは、「楽しいこと」だけを共有しているわけではありません。何でもかんでも「いいよ」と言えないことだってあると思います。

　多くの時間を一緒に過ごしているからこそ、不満がたまってしまうことや、つい礼儀を欠いてしまうこともあるのです。

　でもそれは仲が悪いということではなくて、仲がよいからこそつい素の自分を出してしまっただけで、友達として安心している証拠なのです。最初の頃はまだ様子を見ていたけれど、時間が経って少しずつ自分をさらけ出してきたからこそ、仲がギクシャクしてしまうということなのですね。だから、ある意味、友達関係として当然起こりうるトラブルかもしれません。

　そんな時、パッと「ごめんごめん」と言いたいですね。ポイントはパッと謝ることです。時間を空けずに、反射的に言えるようにしておきましょう。時間が経つとアウトです。相手が曇った表情になってしまってからでは遅いのです。

　相手を不快にさせてしまった。相手に対して礼儀を欠いてしまった。そんな時は、ためらわずに「ごめん」と言えるようにしておきましょう。

　謝罪ができることは、友達の条件でもあります。謝罪できる関係は、深く、長く、続くはずです。

 ちょこっとスキル

❶ 謝罪までの時間を短くするよさを考える。
❷ 謝れなかった時の未来を考えさせる。

 なんのための合言葉？

・反射的にためらわず謝る姿勢を身につけるため。
・相手への礼儀を大切にさせるため。

> 友達と関わる時

37

かしこまった態度が身につく
「伝えたいことがあります」

 子どもたちへの伝え方

　仲がよくなればなるほど，いわゆる「タメ口」になっていきます。「貸して〜」「いいよ〜」というやりとりは，仲のよさを感じます。

　でも，そうやって軽い言葉でばかりやりとりをしていると，いざという時に面と向かって「お願い」したり，「謝ったり」できなくなります。大人の言葉だと「かしこまった態度」とも言います。

　それで，大抵仲のよい人同士で「かしこまる」のは，謝る時くらいになります。「あの時，こう言ってしまって，ごめんなさい」などです。これまでタメ口だったのに，急に丁寧な言葉づかいになって謝ったことはあると思います。それに対して，「これからは，もうしないでくださいね」などと答えた人もいると思います。

　そういう丁寧なやりとりは，謝る時以外にもどんどん増やしていくべきです。やりたいことがある時は「○○したいのですがどうですか？」と尋ねてみたり，「もうそろそろ時間が終わるので戻りませんか？」と促してみたりすると，相手に対して敬意をもって接することにつながります。

　もし，「これ，きちんと伝えたいな」と思うことがあれば，右手をピンとあげて，「伝えたいことがあります！」と言ってみてください。そして，丁寧に伝えてみてください。よい友達関係なら，きちんと受け止めてくれるはずですね。

 ちょこっとスキル

❶「親しき中にも礼儀あり」を伝えておく。
❷ 丁寧語で関わるよさを体感させる。

 なんのための合言葉?

・かしこまった態度を身につけるため。
・丁寧なやりとりで関係を築くため。

> 友達と関わる時

38

相手を牽制する態度が身につく

「そういうのよくないと思う，私も（僕も）やめる」

 子どもたちへの伝え方

　難しい言葉を教えておきます。「牽制」と言います。野球をやっている人は，「牽制球」という言葉を聞いたことがあると思います。

　ランナーが盗塁しようとして進んでいる最中に，ピッチャーがそれを阻止しようとして投げる球のことを牽制球と言います。

　つまり目を盗んで進塁しようとする動きを阻止しようとする注意の意味があります。辞書的な意味で言えば，相手の自由な行動をおさえ妨げることとなるでしょう。

　教室では盗塁することはありませんが，目を盗んで手元で違うことをしたり，みんなとは違う行動を取ったりすることがあります。そういう動きをする人がいた場合に，「よくないよ」「だめだよ」「やめようね」と声をかけられるかどうかが教室では重要です。友達をきちんと牽制できるか，ということです。

　しかし，むやみやたらと「ダメダメ」と言ってしまうのは，悪者をつくってしまうだけになります。そうではなく，「自分もやめるからやめないか？」という提案が大切です。「私も気をつけるから，考えてほしい」という寄り添った態度が大切です。

　みんなで成長するために牽制するのです。相手のことが大切だから牽制するのです。よくないことは，きちんと「よくないと思う」と言って伝えましょう。そして，みんなで気をつけましょうね。

ちょこっとスキル

❶ 一緒に成長したいという気持ちを大切にさせる。
❷「悪者づくり・犯人探し」のような注意はしない。

なんのための合言葉？

・相手を牽制する態度を身につけるため。
・牽制し合える学級風土を醸成するため。

> 友達と関わる時

39

素直な感情表現を身につける
「うれしい！」

 子どもたちへの伝え方

　みんなはどんな時に「うれしい」と思いますか。何かを貸してもらった時ですか？　何かを教えてもらった時ですか？　何か一緒にできた時ですか？　どんな時に「うれしい」と感じますか？

　これは単純な話ですが，人は人に「うれしい」と言ってもらえた時にうれしいと思うものです。プレゼントをあげて喜んでいる友達を見たら，見ているだけで嬉しくなりますよね。
　人の幸せは人の幸せが運んでくるものだと，先生は考えています。
　だから，積極的に「うれしい！」と言ってほしいと思います。「うれしいな〜」とか，「マジでうれしい……」など，どんな言い方でも構いません。日常に「うれしさ」を増やしていってほしいんです。
　すると，同時に友達にも「うれしさ」が広がります。相手のうれしいは自分のうれしいだからです。

　そうやって，みんなで「うれしいの輪」を広げていきましょう。ささいなことにも喜びを感じられる人になってくださいね。小さなことでも大きく喜べる人は，人生が豊かになっていくはずです。

 ちょこっとスキル

❶「うれしい」と言うから「うれしくなる」という原理を伝える。
❷ うれしい気持ちは人に伝わることを意識させる。

 なんのための合言葉?

・素直な感情表現を身につけるため。
・みんなで喜びを分かち合っていくため。

> 友達と関わる時

40

当たり前のことに感謝できるようになる
「いつもありがとう！」

 子どもたちへの伝え方

　うれしい時もそうですが，やはり何かしてもらった時には「ありがとう」が飛び交いますよね。教室で勉強していても，自然に「ありがとう」が飛び出す教室はあたたかい感じがします。

　でも，本当はみんながいてくれるだけで「ありがとう」なんです。一緒の教室で学んでくれてありがとう。一緒に同じ問題を考えてくれてありがとう。この教室の物語や歴史を一緒に刻んでくれてありがとう。

　当たり前だけど，その当たり前がすでに「ありがとう」なんです。

　だから，「いつも」をつけ加えて言ってみてください。「いつもありがとうございます」と。

　当たり前のようにみんなが教室にいて，当たり前のように勉強したり遊んだりします。でも，それって「有り難い」ことだよね。そう簡単にこの教室はできませんから，有り得ないことが起きているのです。難しいことをクリアしてこの教室があるのです。

　だからこそ，「いつも」と言いたいですね。普段は言えないけれど，「いつも」感謝していることを伝えたいですね。一緒に生活していく仲間なのだから，余計「いつも」が重要になってきますね。

　先生からも伝えておきます。

　「いつもありがとうございます！」

💬 ちょこっとスキル

❶ 「何か」にありがとうではなく，「あなた」にありがとうを伝えるようにさせる。
❷ 教師も子どもたちに対して感謝の気持ちをもつようにする。

💬 なんのための合言葉？

・「いつも」の感覚を育てていくため。
・当たり前のことに感謝できるようにするため。

> 日常生活時

41

スムーズに活動をスタートできるようになる
「準備が9割！」

 子どもたちへの伝え方

　よく「準備をしなさい」と言われることはありませんか。あるとすれば，1日に何回くらい言われますか。そもそも，準備って1日にどのくらいやっているのでしょうか。

　例えば，夜寝る前に「明日の準備」をしますね。ランドセルやその中身，提出物にハンカチなども準備するでしょう。それだけで，もういくつも準備していますね。

　学校生活ではどうでしょうか。細かいことを抜きにすれば，1時間目の準備から6時間目までの準備で6回。給食準備，掃除準備，朝の会と帰りの会にも準備がありそうです。

　少なく見積もっても，1日に10回以上の「準備」をみなさんはしていることになります。これらを細かくすると，鉛筆を出して，ノートを開いて，時計を見て座って……と，1日30回以上になりそうですね。

　でも，「準備が9割」という口ぐせを身につけると準備へ気持ちが向き，「準備不足」から抜け出せます。準備していなければ「準備しなきゃ」という気持ちが湧き，5割だった人は「もう少し」と高められるからです。

　準備ができている人は，勉強にも活動にもすぐ取りかかることができます。ぜひ，意識してほしいと思います。

 ちょこっとスキル

❶ 机間指導しながら「5割！」「惜しい，8割！」と声かけする。
❷ 合格不合格ではなく，どう準備したかを評価する。

 なんのための合言葉？

・スムーズに活動をスタートさせるため。
・自分の状態を把握するため。

> 日常生活時

42

自分の目で確認することが習慣化する
「今日は（次は），あれだ！」

 子どもたちへの伝え方

　毎年，学級に３人くらいはいるのですが，朝の会が終わった瞬間に「先生，１時間目は何ですか？」と聞いてくる人がいます。朝の会の中で説明しているにもかかわらず，そうして聞き直してくる人がいるんです。
　そういう時，先生は「書いてあるよ」と言って黒板を指さしたり，「○○さんが知っているよ」と近くの子を呼んで教えてもらったりします。受け身のままではなくて，「自分から」見たり聞いたりしてほしいからそう伝えるようにしています。

　でも，本当は先生に聞きにくる前に「何だったかな？」「説明されたかな？」と思い返して考えることが大切なのです。「あれだ！」と板書を見つけ，「あれだよね？」と友達に聞いてみることが大切なんです。
　自分からアクションを起こすようにしなければ，いつまで経っても話を聞かず，予想もせず，受け身のままです。
　だから，「今日は，あれだ！」「次は，あれだった！」と先を読んで，次を見据えて行動することが大切ですね。

　みんなで，「そうそう，あれあれ！」と言い合いながら，全員で活動できるようになったらいいなと思っています。

 ちょこっとスキル

❶ 予定や連絡は見える化しておく。
❷「指さし確認」を併用させる。

 なんのための合言葉？

・自分の目で確認する習慣をつけるため。
・先を読んで行動する癖をつけるため。

日常生活時

43

自然に着席する力が身につく
「号令かかるよ〜！」

 子どもたちへの伝え方

　よく「チャイム席」って言いますよね。それってどういう意味でしょうか。チャイムがなったら座る？　チャイムがなり終わるまでに座る？　どこまでがセーフで、どこからがアウト？　考えたことはありますか？

　例えば、9：30から2時間目がスタートするとして、チャイムは何時何分になりますか？　そうですよね。9：30になりますよね。ということは、チャイムがなっている時はすでに授業がスタートしているということです。

　チャイムは大体20〜30秒くらいなので、チャイムがなり終わると同時に座る人は30秒ほど「遅れている」と言ってもよいでしょう。

　では、「授業開始に間に合っている人」はいつ座っているのですか。そうですよね、「チャイム前」ですよね。

　だったらみんながすることは単純です。チャイム前に座ればいいのです。そして、チャイムがなる前に声をかけ合えばいいのです。「号令かかるよ〜！」「はじまるよ〜！」「チャイムなるよ〜！」と伝え合ってみてください。

　そうして、みんなが自然に着席できるようになれば、あとは自分の中で独り言のように呟いてください。「号令かかるよ」と自分に言い聞かせてみてください。

　自分の行動を自分でコントロールできるようになるといいですね。

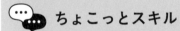 ちょこっとスキル

❶ 時計を見るクセをつけておくようにさせる。
❷ 身近なところから声をかけていくようにさせる。

なんのための合言葉?

・ちょっとした時間であっても大切にするため。
・余計なことをせず,自然に着席する力を身につけるため。

> 日常生活時

44

没頭する力を育む
「ゾーンに入ろう」

 子どもたちへの伝え方

　よくスポーツで使われる言葉なんだけど，「ゾーンに入る」という表現をすることがあります。
　これは，集中力が極限まで高まっている状態でありながら，緊張感やリラックスがバランスよく保たれている状態と言われています。
　そして，ゾーンに入っている時は「パフォーマンス」がより高まると言われています。スポーツ選手などは，例えばサッカーだと「相手がゆっくりに見えた」と言うし，野球選手は「ボールが止まって見える」と言うこともあるそうです。それだけ集中力が高まっているのですね。
　実は，教室でもそういう状態はよくあります。
　例えば，○○さんは周りがどれだけ騒がしくても黙って本を読み続けることができる。○○さんは，班のメンバーを気にせず黙々と雑巾がけをしていることがある。漢字練習をしている最中の○○さんは，タイマーの音に気づかずに続けるほど集中していますよね。
　勉強でも係活動でも，読書でもタイピング練習でも，みんなはよく「ゾーン」に入っているんです。
　だから，その状態を意識的につくり出す意味で「ゾーンに入ろう」と声に出してみるといいと思います。
　みんなの声で，集中力を高めていける教室にしましょう。

ちょこっとスキル

❶ 自分の行動を決めるのは自分であることを意識させる。
❷ 周りのせいにしない（他責思考）ようにさせる。

なんのための合言葉？

・周りのせい（他責）にせず，自分の集中力を高める（自責）ため。
・没頭する力を育むため。

日常生活時

45

過程を大切にする習慣を身につけられる
「今日もいい1日だった」

 子どもたちへの伝え方

　ことわざに「終わりよければ全てよし」という言葉があります。
　学校で言うと，下校（終わり）の時に「よかった」と思えたら，それで1日（全て）が「よかった」となる意味があります。
　もしかしたら，みんなにとって簡単なようで少し難しい考え方かもしれませんね。
　例えば，友達とケンカをしたとしましょう。ケンカ自体は「よくない」ので，「いい1日」とは言えないかもしれません。でも，帰りに仲直りできたらケンカがあったとしても「よかった」と終えられますよね。
　同じようにケンカがあったとして，仲直りできずに下校するとします。皆さんはそれは「いい1日」だと思えますか？
　ここに難しさがありますね。①友達とケンカしたまま帰ることになった。最悪だ。と考えると「終わりよし」とはなりません。しかし，②友達とケンカしたまま帰ることになった。相手もこんな気持ちなのかな。悪いことしたな。と考えると，ケンカ（過程）を学び（結果）に変えているので「いい1日」と捉えることもできなくはありません。
　学校から帰る時，「今日もいい1日だった」と言って帰りたいですね。そのために友達と仲よく過ごす。そのためにトラブルをきちんと解決する。そのために考え方に思いやりをもつ。そんな成長ができたら，毎日が「いい1日」になりそうですね。

💬 ちょこっとスキル

❶ 自分で自分を納得させる感覚を育てるようにする。
❷ 毎日の積み重ねと，思考の訓練を意識させる。

💬 なんのための合言葉？

・自分で「よかった」と言える１日だったと意味づけるため。
・過程を大切にする習慣を身につけるため。

日常生活時

46

思いやりの心を育む
「はいどうぞ！　ありがとうございます！」

 子どもたちへの伝え方

　学校では，毎日のように皆さんにお手紙が配られます。1日1枚だとすると，1年間で200枚は配ります。2日で3枚だとすると，300枚ですね。
　6年間では1200〜1800枚です（笑）。すごい数の手紙が配られます。
　ここに，みんながより思いやりをもったり，相手に礼儀正しく接したりするヒントが隠されています。
　先生は，手紙を配る時に「はいどうぞ」と言いますね。皆さんはどうですか？「ありがとうございます」とは言いますが，「はいどうぞ」と後ろの人に渡していますか？　考えてみましょう。これを1年間に200〜300回できたらどうでしょうか。
　相手を思いやる「はいどうぞ」が200回あふれます。30人で言ったら6000回以上です。感謝の気持ちを伝える「ありがとうございます」が300回あふれます。30人で言ったら9000回のありがとうです。教室があたたかくなっていくに決まっていますよね。
　これ，お手紙だけでこの数です。
　国語のプリント，算数のテスト，社会の資料，理科の用具……。常に生活の中で「はいどうぞ！」「ありがとうございます！」を使っていきたいですね。この言葉を，教室の中にあふれさせていきましょうね。

💬 ちょこっとスキル

❶ 全ての行動に相手意識をもつようにさせる。
❷ 「ありがとう」を増やすことを学級のグランドルールにしておく。

💬 なんのための合言葉?

・思いやりの心を育むため。
・ありがとうを増やすため。

> 日常生活時

47

楽しそうと思える力が身につく
「楽しそう！ 私もやる！」

 子どもたちへの伝え方

　教室には，30人の友達がいます。30人いれば，人それぞれの「楽しさ」は違って当然です。

　だからこそ，友達の「楽しい」に加わって楽しむことができれば，自分の「楽しい」を広げていくことができます。それは，自分の可能性を広げていくことでもあります。

　だから，何かをやっている友達がいた時は「やっていることの楽しさ」とは別に，「楽しんでいる友達」を見てほしいと思います。そして，その楽しさを味わってほしいと思います。
　タイピング練習に没頭している人を見て「タイピングが楽しそう」ではなく，「練習を楽しんでいる」と感じてみてください。
　そして，「僕も！」「私も！」とその楽しさを共有していきましょう。
　物事を「楽しそうと思える力」，そして「やってみる力」，さらに「楽しかった」と終えられる力をつけてください。

　きっと，みんなの力がぐんぐんと伸びると思います。

ちょこっとスキル

❶「前向きに楽しむ」「ポジティブに楽しむ」をルールとする。
❷ 誰かが傷ついたり，誰かが悲しんだりする楽しいは避ける。

なんのための合言葉？

・楽しそうと思える力を身につけるため。
・輪に加わる力を身につけるため。

第2章 子どもが自走できるようになる「ちょこっと合言葉」50　127

日常生活時

48

献身的な態度が育つ
「僕がやります！　私がします！」

 子どもたちへの伝え方

　授業中に、「これ、言える人？」と聞かれたり、「この問題、解けた人？」と尋ねられたりすると思います。

　答えがわかっていると「はい！　はい！」と手をあげ、「正解」だと思えば自信をもって立ちあがりますよね。お手伝いやお仕事をお願いする時も、内容がわかっていれば手をあげるし、内容によっては手をあげない場合もあります。
　そうやって、自分が言いたい、これなら言える、それならやろう、だったらいいや、と選んでいるみんながいるはずです。

　でも、本当は、「何でも言ってみる」「何でもやってみる」というのがカッコいい姿です。「誰か！」と言われたらすぐに「僕がやります！」と助けてください。「ちょっと手伝って！」と言われたら「私がします！」と手を貸してください。

　ぜひ、自分の力を人のために使える人になりましょう。自分にできるかわからなくても、自分が役に立つかわからなくても、まず手をあげてその気持ちを前向きに使ってくださいね。

 ちょこっとスキル

❶ できるかどうかより，やってくれる気持ちを重視する。
❷ どんな子でも受け入れる心構えをつくっておく。

 なんのための合言葉？

・献身的な態度を育成するため。
・自分の力をいつでも発揮するため。

日常生活時

㊾

人間関係構築のコツが身につく
「鏡は先に笑わない！」

 子どもたちへの伝え方

　みんなは，今日いつ鏡を見ましたか？　朝ですか？　それとも休憩の時ですか？　きちんと自分の顔を見ましたか？　鏡の中の自分と目を合わせましたか？　その時の自分は笑っていましたか？

　先生が大切にしている言葉に「鏡は先に笑わない」という言葉があります。意味はそのままだけど，鏡の中の自分は勝手に笑いませんよね。笑ったら怖いですよね（笑）。自分が先に笑うから，鏡に映る自分も笑うんですよね。
　それで，なぜ先生はこの言葉が好きかというと，これは人間関係全般で言えることだと思うからです。
　例えば，自分がイライラしていたら，相手も困ってしまいます。お互いの顔は曇っていますよね。逆に，自分がニコニコしていたら，相手もきっと笑顔になるはずです。
　優しい言葉をかけたらあたたかい言葉が返ってくるし，逆に冷たくすればそういうことが返ってきます。人間関係は鏡なのですね。ミラーの法則と言ったりもします。

　だから，生活しながらいつでも「鏡は先に笑わない」と口にしておきましょう。そして，先に自分が笑顔でいられるようにしましょう。

ちょこっとスキル

❶ ミラーの法則をあらかじめ伝えておく。
❷ 怒った顔,不満顔も同様に影響することを確かめておく。

なんのための合言葉?

・人間関係構築のコツを身につけるため。
・笑顔で生活できるようにするため。

日常生活時

50

社会に貢献できる人に育つ
「世のため人のため」

 子どもたちへの伝え方

　みんなは，小学校に入学して1年間で200日程度登校します。お休みをしなければ，6年間で1200日の登校日数になります。

　1年生の頃は，親や先生に色々とやってもらったはずです。上級生のお兄さんお姉さんにお手伝いしてもらったり，知らないところでたくさんサポートしてもらったりしていたはずです。
　でも，毎年学年が上がるにつれてできるようになることが増えます。経験値が上がると，自分の力を人のために使えるようにもなってきます。
　学校は多くの人が生活する場所です。自分だけの場所ではないし，何かをしてもらい続ける場所でもありません。いつだって，自分の力は「世のため人のため」に使わなければならないのです。
　でも，「学校の一員なのだ」「してもらってきた分，してあげよう」と思えない人は，自分のことしかやりません。それでよいのでしょうか。違いますね。

　いつだって自分の力は人のために使いましょう。そして，そういうお互いに支え合う学級を当たり前にしたいですね。そして，全校にそういう文化を広げていけたらいいですね。

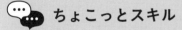 ちょこっとスキル

❶ 自分を俯瞰して眺められるように意識させていく。
❷ 学校全体に広げる感覚を養う。

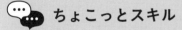 なんのための合言葉？

・社会に貢献できる人になるため。
・貢献し合う社会づくりの一助となるため。

あなたのちょこっと合言葉を書こう！

フォーマットの
ダウンロードは
こちらから▶

ねらい

合言葉

💬 子どもたちへの伝え方

思い浮かべる様子

💬 ちょこっとスキル

❶ _____

❷ _____

❸ _____

💬 なんのための合言葉？

・_____

・_____

あなたのちょこっと合言葉を書こう！　135

おわりに

　「合言葉」と聞いて思い出すのは，私が子どもの頃に読んだ絵本の『アリババと40人の盗賊』です。

　「開け，ゴマ」と合言葉を唱えると，洞窟の入り口を塞ぐ岩の扉が開き，中から金銀財宝が現れます。たった1つの合言葉を唱えることで金銀財宝が現れるというストーリーに，子どもの頃の私は心を躍らされたものです。

　本書は私にとって，そんな幼い頃のわくわく感を呼び起こすとともに，新たな学びを生み出してくれる1冊となっています。

　本書では，古舘先生の日頃の学級経営での「合言葉」が50紹介されています。古舘先生が日々の学級経営で用いている50の「合言葉」は，どれもが子どもたちの心を捉え，彼らの成長を促す力をもっているように感じられました。

　ページをめくるたびに現れる子どもたちの笑顔，真剣なまなざし，そして何よりも，一人一人が輝いている姿に，私は深く心を打たれました。それは単に見た目の変化だけではなく，「合言葉」が子どもたちの心に響き，彼らの行動を促し，そして心の奥底から輝く力を引き出しているからこそなのだ，と思います。

では，このような「合言葉」を使えば，誰でも古舘学級の子どもたちのように育てあげることができるのでしょうか？

　答えは，「イエス」でもあり，「ノー」でもあると思います。

　古舘先生が紹介した「合言葉」はどれも「力」があります。しかし，もしただ単に言葉の表面的な意味を捉え，それを模倣するだけならば，子どもたちの心には届かないでしょう。しかし，本書を読んだ私たちが，それぞれの学級の子どもたちの個性や状況を深く理解し，彼らの成長を願う気持ちをもって「合言葉」を使うのであれば，きっと子どもたちの心を動かし，彼らの可能性を引き出すことができるはずです。
　重要なのは，古舘先生の「合言葉」をそのままコピーすることではなく，その本質を理解し，自分自身の言葉で，自分の学級の子どもたちに向けて言葉を選ぶことです。

　また，本書で紹介されている「合言葉」は，あくまで1つの例に過ぎません。私たちの中には，すでに自分自身で探し当て，効果を実感している「合言葉」があるかもしれません。あるいは，まだ言葉にはなっていないけれど，子どもたちとの関わりの中で自然と生まれている「合言葉」もあるかもしれません。
　大切なのは，そうした「合言葉」を意識的に探し求め，磨き続けることです。そして，その言葉を使って，子どもたちとの間に，より深く，より豊かなコミュニケーションを築いていくことです。

　私は運動会で応援担当をした時に必ずかける言葉があります。それは，

「応援ってなんのためにするの？」

おわりに　　137

です。この質問をすると，必ずと言っていいほど子どもは，
　「勝つため」
と答えます。その後，私はこのように問います。
　「もしリレーで転んでしまった子がいたとします。最後まであきらめない
で走ったとしても逆転の可能性はないくらい離されています。そんな時みん
なは，応援をやめる？」
と聞くと，
　「やめない」
と答えます。理由を聞くと，
　「一生懸命に最後まで走れるように勇気を与えるため」
と答えてくれます。その後できる合言葉は，

　「応援は勇気を与えるため」

です。この合言葉ができると，一生懸命に頑張っている味方はもちろん，あ
きらめそうな子や相手にまで勇気を与えようと応援するようになります。勇
気を与えるために応援している子どもの姿はキラキラ輝いていてとても素敵
です。それだけでなく，応援を見ている大人の私さえ，勇気を与えてもらえ
ます。

　このように，みなさんも素敵な「合言葉」をもっているはずです。
　自分で手応えを感じている合言葉もあるでしょう。もしかしたら，気づか
ずに使っている合言葉もあるかもしれません。身近にいる仲間たちが使って
いる合言葉もありそうです。

　子どもたちの心の扉を開くことのできる合言葉は，本書で紹介されている
「合言葉」はもちろん，私たちの周りにもたくさんあるはずです。そんな言
葉と出合い，言葉を磨き続けることで，私たちもきっと，子どもたちの扉を

開き，輝かせることができるでしょう。

　最後に，本書に掲載されている古舘学級の写真はどれも素敵な写真ばかりでした。私が子どもの頃に憧れた合言葉よりもわくわくし，岩の扉の向こう側の金銀財宝よりももっともっと輝いているように感じました。そんな子どもたちの笑顔を目指し，これからも学び続けていきたいと思います。

　古舘先生に感謝を込めて──

著者　髙橋　朋彦

【著者紹介】
古舘　良純（ふるだて　よしずみ）
1983年岩手県生まれ。現在，岩手県花巻市宮野目小学校勤務。平成29年度教育弘済会千葉教育実践研究論文で「考え，議論する道徳授業の在り方」が最優秀賞を受賞。県内の学校で校内研修（学級経営，道徳，ICT活用）の講師を務めている。バラスーシ研究会，菊池道場岩手支部に所属し，菊池道場岩手支部長を務めている。
著書に本シリーズに加え，『ミドルリーダーのマインドセット』（明治図書）などがある。
[執筆 No.1～50]

髙橋　朋彦（たかはし　ともひこ）
1983年千葉県生まれ。現在，千葉県公立小学校勤務。令和元年度第55回「実践！わたしの教育記録」で「校内研修を活性化させる研修デザイン」が特別賞を受賞。文科省指定の小中一貫フォーラムで研究主任を務める。教育サークル「スイッチオン」，バラスーシ研究会，日本学級経営学会などに所属。算数と学級経営を中心に学ぶ。
著書に本シリーズに加え，『明日からできる速効マンガ　4年生の学級づくり』（日本標準）などがある。

学級経営サポートBOOKS
心に根ざして子どもが動くちょこっと合言葉

2025年2月初版第1刷刊	©著　者	古　舘　　良　純
		髙　橋　　朋　彦
	発行者	藤　原　光　政
	発行所	明治図書出版株式会社

http://www.meijitosho.co.jp
（企画）佐藤智恵　（校正）nojico
〒114-0023　東京都北区滝野川7-46-1
振替00160-5-151318　電話03(5907)6703
ご注文窓口　電話03(5907)6668

＊検印省略　　組版所　広 研 印 刷 株 式 会 社
本書の無断コピーは，著作権・出版権にふれます。ご注意ください。

Printed in Japan　　　　ISBN978-4-18-413629-8
もれなくクーポンがもらえる！読者アンケートはこちらから→

ブラックシリーズ★全10冊

四六判
定価 1,870 円
(10%税込)

『策略―ブラック授業技術　今さら聞けない基礎・基本』(3700)
★熱意だけで教師はつとまらない、策略という武器をもて！

『策略―ブラック仕事術　誰にも言えない手抜きな働き方』(3600)
★熱意だけで仕事はまわせない、策略という武器をもて！

『策略―ブラック新卒1年目サバイバル術』(4900)
★熱意だけで1年目は乗り切れない、策略という武器をもて！

『策略―ブラック学級崩壊サバイバル術』(4700)
★熱意だけで荒れは止まらない、策略という武器をもて！

『策略―ブラック生徒指導　二度と問題を起こさせない叱り方』(3100)
★熱意だけで問題はなくならない、策略という武器をもて！

『策略―ブラック運動会・卒業式　追い込み鍛える！行事指導』(2900)
★熱意だけで子どもは伸ばせない、策略という武器をもて！

『策略―ブラック学級開き　規律と秩序を仕込む漆黒の三日間』(2700)
★熱意だけでクラスは落ち着かない、策略という武器をもて！

『策略―ブラック授業づくり　つまらない普通の授業にはブラックペッパーをかけて』(2400)
★熱意だけで授業は成立しない、策略という武器をもて！

『策略プレミアム―ブラック保護者・職員室対応術』(2200)
★熱意だけで大人の心はつかめない、策略という武器をもて！

『策略―ブラック学級づくり　子どもの心を奪う！クラス担任術』(1800)
★熱意だけでクラスはまわせない、策略という武器をもて！

明治図書　携帯・スマートフォンからは　明治図書ONLINEへ　書籍の検索、注文ができます。▶▶▶
http://www.meijitosho.co.jp　*併記4桁の図書番号（英数字）でHP、携帯での検索・注文が簡単に行えます。
〒114-0023　東京都北区滝野川7-46-1　ご注文窓口　TEL 03-5907-6668　FAX 050-3156-2790

苦手さのある子と一緒に考える支援
本人参加型
ケース会議の始め方

冢田 三枝子　編著　大山 美香・伊東 邦将・松元 ゆき　著

子どもが主体。セルフアドボカシーを育む取組
「子どもの思いを聞き、子どもとともに支援を考える。子どもが自分から支援を減らし、次のステップへと移行する。」それを実現するための最初のステップとして「本人参加型ケース会議」があります。本書では本会議の始め方や実施してのQA、実践事例を紹介しています。

A5判／160ページ／2,310円（10％税込）／図書番号　3628

通常の学級でやさしい学び支援
誤り分析を支援につなげる
読み書きの「つまずき」
アセスメントブック

竹田 契一　監修　村井 敏宏　著

クラスの中でみとれる読み書きのつまずきチェック
アセスメントに基づいた「やさしい学び支援」を！本書掲載の「音韻認識テスト」「ひらがな単語聴写テスト」「漢字誤り分析（1～3年／4～6年）」で通常の学級で、読み書きに苦手さのある子をみとり、確かな指導・支援につなげられます。【テストのためのDLデータ付】

B5横／104ページ／2,090円（10％税込）／図書番号　0775

明治図書　携帯・スマートフォンからは　**明治図書ONLINEへ**　書籍の検索、注文ができます。▶▶▶

http://www.meijitosho.co.jp　＊併記4桁の図書番号（英数字）で、HP、携帯での検索・注文が簡単に行えます。

〒114-0023　東京都北区滝野川7-46-1　　ご注文窓口　TEL 03-5907-6668　FAX 050-3383-4991

短く、深く、心を刺す教室ことばで子どもが変わる！

古舘 良純 著
3468・A5判 136頁
定価 1,980円（10%税込）

どんな風に語るかで、刺さり方が、まるで変わる！

髙橋 朋彦 著
3867・A5判 136頁
定価 1,980円（10%税込）

教師の仕事はお話が9割

明治図書　携帯・スマートフォンからは 明治図書ONLINEへ　書籍の検索、注文ができます。▶▶▶
http://www.meijitosho.co.jp ＊併記4桁の図書番号（英数字）でHP、携帯での検索・注文が簡単に行えます。
〒114-0023　東京都北区滝野川7-46-1　ご注文窓口　TEL 03-5907-6668　FAX 050-3156-2790